Aus Basel

Herzog & de Meuron

Die Fotografien von George Dupin [GD] und Pierre de Meuron [PDM] sind in den Bildlegenden durch Initialen in Klammern jeweils speziell gekennzeichnet.

Konzept und Redaktion: Jean-François Chevrier, Élia Pijollet
In Zusammenarbeit mit Herzog & de Meuron: Jacques Herzog, Pierre de Meuron, Aliénor de Chambrier, Stefanie Manthey, Esther Zumsteg
Übersetzung vom Französischen ins Deutsche: Beate Susanne Hanen
Projektkoordination: Petra Schmid
Herstellung: Katja Jaeger, Amelie Solbrig
Layout, Covergestaltung und Satz: Filiep Tacq

Library of Congress Cataloging-in-Publication data
A CIP catalog record for this book has been applied for at the Library of Congress.

Bibliografische Information der Deutschen Nationalbibliothek
Die Deutsche Nationalbibliothek verzeichnet diese Publikation in der Deutschen Nationalbibliografie; detaillierte bibliografische Daten sind im Internet über http://dnb.dnb.de abrufbar.

Dieses Werk ist urheberrechtlich geschützt. Die dadurch begründeten Rechte, insbesondere die der Übersetzung, des Nachdrucks, des Vortrags, der Entnahme von Abbildungen und Tabellen, der Funksendung, der Mikroverfilmung oder der Vervielfältigung auf anderen Wegen und der Speicherung in Datenverarbeitungsanlagen, bleiben, auch bei nur auszugsweiser Verwertung, vorbehalten. Eine Vervielfältigung dieses Werkes oder von Teilen dieses Werkes ist auch im Einzelfall nur in den Grenzen der gesetzlichen Bestimmungen des Urheberrechtsgesetzes in der jeweils geltenden Fassung zulässig. Sie ist grundsätzlich vergütungspflichtig. Zuwiderhandlungen unterliegen den Strafbestimmungen des Urheberrechts.

Dieses Buch ist auch als E-Book (ISBN 978-3-0356-0700-0) sowie in französischer (ISBN 978-3-0356-0830-4) und englischer (ISBN 978-3-0356-0814-4) Sprache erschienen.

© 2016 Birkhäuser Verlag GmbH, Basel
Postfach 44, 4009 Basel, Schweiz
Ein Unternehmen der Walter de Gruyter GmbH, Berlin/Boston

Gedruckt auf säurefreiem Papier, hergestellt aus chlorfrei gebleichtem Zellstoff.
TCF ∞

Printed in Germany

ISBN 978-3-0356-0813-7

9 8 7 6 5 4 3 2 1
www.birkhauser.com

Aus Basel
Herzog & de Meuron

Jean-François Chevrier

in Zusammenarbeit mit Élia Pijollet

70 unveröffentlichte Fotografien von George Dupin

Birkhäuser

Basel

S. 008   I.   Lokal/global – 1. Das Büro – 2. Orientierungen – 3. Aufträge und Geschick, die soziale Frage – 4. Die vernakuläre Architektur – 5. Der Kubus – 6. Körperbild – 7. Territoriale Intimität und Mobilitätsmaßstab – 8. Ornament(e) – 9. Die Natur als Vorbild für Komplexität

S. 044   II.   Parallelporträts. **Der Aufbau einer urbanen Biografie.** Text-/Bildmontage

S. 228   III.   Gespräch. Jacques Herzog, Pierre de Meuron, Jean-François Chevrier. Basel, 3. und 4. Juni 2015

SEITEN 4, 6 UND 7: Drei Konzeptionsstufen für die Fassadenverkleidung aus gestanztem, perforiertem Kupfer des de Young Museum, San Francisco (Wettbewerb 1999, Projekt 2000–2002, Realisierung 2002–2005): Modellierung nach einer Fotografie von Blattwerk

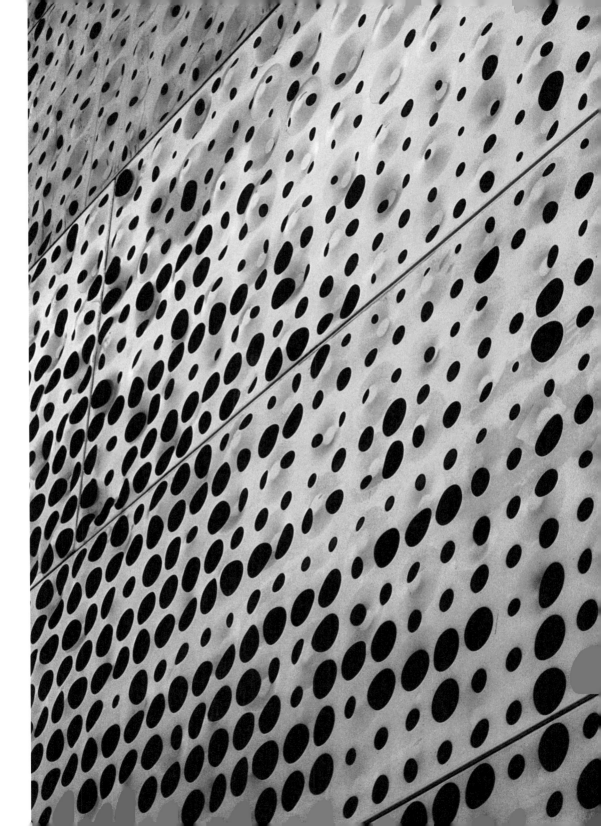

Lokal/global

Die in diesem Text von Jacques Herzog und Pierre de Meuron zitierten Äußerungen stammen aus verschiedenen Gesprächen, die sich über einen Zeitraum von etwa zehn Jahren erstreckten. Sie wurden zum Teil in der Zeitschrift *El Croquis* (2006 und 2010) veröffentlicht.

1. DAS BÜRO

Wie bereits der Name verrät, geht das Büro Herzog & de Meuron auf die Begegnung zweier Personen zurück: Jacques Herzog und Pierre de Meuron. Beide sind sie Basler, wurden im Jahr 1950 geboren und auch sonst weisen ihre Biografien erstaunliche Übereinstimmungen auf. Das in Basel angesiedelte Büro nimmt heute Aufträge aus allen oder beinahe allen Regionen der Welt an (Afrika ist eine große Ausnahme). Herzog & de Meuron beschäftigt heute (Juni 2016) dreihundertfünfzig Architekten. Die Gründer haben neun Partner, die zugleich Teilhaber sind, darunter die drei Senior Partner Christine Binswanger, Ascan Mergenthaler und Stefan Marbach, die bereits seit über zwanzig Jahren mit Jacques Herzog und Pierre de Meuron zusammenarbeiten. Mit zunehmendem Erfolg des Büros entwickelte sich nach und nach eine weitverzweigte hierarchische Struktur.

Pierre und ich, erzählt Jacques Herzog, waren sehr jung, als wir begannen, zusammenzuarbeiten. Wir gewöhnten uns daran, zu zweit zu sein. Das schafft bereits einen gewissen Unterschied an Interessen, Charakteren et cetera. Das ist vielleicht der Grund, weshalb wir mit Partnern arbeiten können.

Für die Mehrzahl der Projekte wird ein zuständiger Partner bestimmt, mit dem zusammen Jacques Herzog und Pierre de Meuron das Projekt entwickeln. Die Partner betreuen und verfolgen täglich die Projekte und organisieren die Arbeit der Teams. Die Auswahl der neuen Projekte wird gemeinsam getroffen, doch haben sich Jacques Herzog und Pierre de Meuron die ausschlaggebende Stimme vorbehalten.

Wir müssen den Drang verspüren, an jedem einzelnen der in Betracht gezogenen Projekte zu arbeiten und diese Arbeit im Kontext der anderen laufenden Projekte zu entwickeln. Unsere Arbeit ist die Gesamtheit der Projekte. Unser Büro ist in der glücklichen Lage, die Projekte auswählen zu können. Wie ein Wein, der vom Terroir abhängt, bietet auch jedes Projekt ein gewisses Potenzial, welches abhängt vom Kunden, vom Budget, von der Landschaft, dem Programm und der Möglichkeit, dieses Programm zu entwickeln.

Die Führung des Büros ist auch mit zunehmender Größe im Wesentlichen bei den beiden Gründern geblieben, die sich ihre anfängliche Freiheit bei der Formulierung strategischer Entscheidungen bewahrt haben. Pierre de Meuron steht dafür, dass das Büro effektiv geführt wird. Jacques Herzog ist der mobile Pol. Der Versuch, zu definieren, was dem einen oder dem anderen in der Initiative oder dem Verlauf der Projekte zusteht, ist zwecklos.

Unsere Rolle, sowohl Pierres als auch meine, besteht darin, Konzeption und Inspiration in die Projekte zu bringen. Wir denken unterschiedlich, sehen aber beide mit einem Blick, was einem Projekt fehlt. Das hat auch mit der Unabhängigkeit zu tun, die wir uns gegenüber allen Projekten bewahren: Projekte brauchen manchmal Zuneigung wie Menschen, man sollte aber auch unnachgiebig sein, sie verwerfen, kritisieren, verändern. In einem Rhythmus, der dem der Universität oder Schule ähnelt: während der intensiven Phasen von Konzept und Entwurf sehen wir jede Arbeitsgruppe einmal pro Woche oder alle vierzehn Tage. Später dann weniger. Wir machen aber keine «Gruppentherapie», nicht alle Partner kommen für die Betreuung jedes einzelnen Projektes zusammen. Das wäre absurd, es würde eine Art partizipative Demokratie schaffen, die falsch wäre: Das architektonische Schaffen ist nicht demokratisch, genauso wenig wie das künstlerische Schaffen. Dagegen ist es wichtig, mit Partnern zu arbeiten, die eigene Talente und unterschiedliche kulturelle Hintergründe haben und einbringen. Das ist eine Arbeitsstruktur, die Unterschiede innerhalb des Büros garantiert.

Das Büro übernimmt durchschnittlich zwanzig Projekte pro Jahr. Das verlangt drakonische Entscheidungen. Ein Projekt kann nur dann angenommen werden, wenn es auf das Interesse von Jacques Herzog und Pierre de Meuron stößt; zudem muss einer der Partner bereit sein, die Leitung des Projektes zu übernehmen. Bei den Auswahlkriterien scheint sich ein Konsens eingebürgert zu haben: Das Büro vermeidet es, sich mit skrupellosen Baulöwen oder zu bürokratischen Verwaltungen einzulassen. Ebenso werden regelmäßig Anfragen abgelehnt, die nur Variationen von realisierten Projekten wären, erst recht wenn die finanziellen Bedingungen oder das Profil des Auftraggebers Anlass zur Besorgnis für das zukünftige Projekt geben.

S. 124–125, 208–209, 214–217

Seit Beginn der 1990er-Jahre haben die städtebaulichen Projekte für das Büro an Bedeutung gewonnen, zur selben Zeit entwickelte sich eine intensive Auseinandersetzung mit der Urbanität von Architekturprojekten in Europa, aber auch in den «aufsteigenden» Zentren der Weltwirtschaft (in Asien und Brasilien). Es ist bezeichnend, dass dieses Engagement in Fragen der städtebaulichen Planung und Entwicklung durch die Studie «Basel, eine Stadt im Werden?» (1991–1992) seinen entscheidenden Impuls erhielt. Heute noch mehr denn je werden die Basler Vorschläge mit besonderer Aufmerksamkeit erwartet. Mit den im Laufe von etwa dreißig Jahren vor allem im trinationalen Agglomerationsgebiet verwirklichten Projekten konnte sich das Büro recht spektakulär in seine historische Umgebung einschreiben. Dieser Aspekt wird im Hauptteil dieses Buches behandelt.

Architektur ist ein opportunistisches Gewerbe, das Hellsichtigkeit in einem an die Bedingungen des Auftrags adaptierten Prozess erfordert. Der so erzielte Mehrwert durch den Architekten ist nicht mit strikten Kennzahlen im Rahmen einer Bilanz quantifizierbar, er ist größtenteils symbolischer Natur und ist es immer gewesen. Doch die Architekten sind – bedingt durch die fortschreitende Metropolisierung, die durch die liberale Expansion des Marktes stimuliert wird – mehr denn je Produzenten eines «Images». Traditionell beteiligt sich die «ikonische» Architektur an der Symbolik der Macht, fördert aber auch die Konkurrenz der Territorien (Städte, Regionen) bezüglich ihrer Attraktivität. Herzog und de Meuron sind sich dessen offensichtlich bewusst.

Ein Büro, das international tätig ist, ist in diffizile Machtspiele involviert, die viele Menschen betreffen. Es ist allen Arten von Manipulationen ausgesetzt, ebenso wie von ihm Zugeständnisse erwartet werden, die die Rezeption des Projektes in Mitleidenschaft ziehen können: So kam etwa beim Stadionprojekt in Peking der Vorwurf auf, ein autoritäres Regime zu legitimieren.

Das Interesse des Büros an der urbanen Dimension der Architektur verstärkte sich mit zunehmender Sichtbarkeit seines Wirkens: mit Projekten wie der Tate Modern (1994–2000) und dem Olympiastadion in Peking (2002–2008). In den 1980er-Jahren hatte die Stadtsoziologie eine beträchtliche Entwicklung genommen, die schließlich die Formfindung hemmte. Herzog und de Meuron entschieden sich damals, den Fokus ihrer Arbeit auf die Schaffung autonomer Objekte zu legen. Doch die Situation hat sich dann ins Gegenteil verkehrt: Stararchitekten fabrizieren spektakuläre amnesische Objekte – ohne urbane Eingliederung. Das Büro Herzog & de Meuron hat auf diese Tendenz reagiert und sein Aktions- und Forschungsfeld auf dem Gebiet des Städtebaus ausgebaut.

S. 146, 208, 224, 252

Die Auswahl der Projekte und die Art und Weise, wie diese innerhalb des Büros geleitet werden, sind also kennzeichnend für dieses Büro. Jedes Projekt ist wandelbar und kann zur programmatischen Weiterentwicklung beitragen. Diese Möglichkeit ist übrigens eines der Kriterien, nach denen das Büro Auftragsanfragen bewertet. Die evolutive Dimension des Projektes entspricht der experimentellen Richtung, die von den beiden Gründern zum Prinzip des Büros erhoben wurde. Jacques Herzog bemerkt hierzu:

Wie Forscher oder Sportler verlässt auch Architekten manchmal die nötige Energie. Im Idealfall gibt ein Partner einem Projekt so viel, dass Pierre oder ich nicht intervenieren müssen. Wir sind manchmal mit der Situation konfrontiert, dass sich die Teams unserer Kritik verschließen. Dann müssen wir wirklich eingreifen, Neues hinzufügen oder sogar alles verwerfen, was schon entwickelt worden ist. Manchmal ist es unerträglich, zu sehen, wie ein Projekt beinahe abgeschlossen ist, als wäre es schon gebaut worden und als könnte nichts mehr geändert werden. Der Architekt arbeitet nicht allein, und es kommt immer ein Zeitpunkt, an dem er nicht mehr verwerfen kann, was er gemacht hat, an dem er nicht bei null anfangen kann. Weil viel Geld eingesetzt wurde und viele Menschen als Planer eingebunden sind. Diese Beharrungstendenz ist eine Gefahr, aber auch eine interessante Voraussetzung. Manchmal ist es für diejenigen, die lange an einem Projekt gearbeitet haben, nur schwer zu ertragen, wenn es angegriffen wird. Sie neigen dazu, es zu verteidigen. Ich verstehe dies sehr

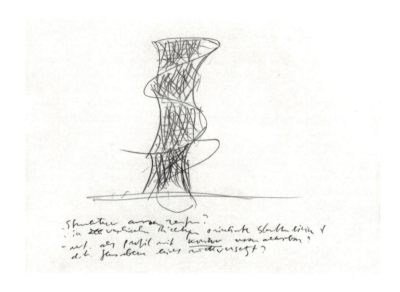

OBEN: Skizze von Jacques Herzog für den Roche-Turm (Bau 1), Standort Basel (erstes Projekt 2006–2008, nicht realisiert). «Struktur aussen zeigen? / in verschiedene Richtungen orientierte Strukturlinien – evt. als Profil mit Kontur aussen ablesbar? d. h. Glasebene leicht zurückversetzt?»
UNTEN: Visualisierung des Roche-Areals mit dem Bau 1 im Hintergrund (Projekt 2009–2011, Realisierung 2011–2015) und den seit dem Jahr 2015 in Arbeit befindlichen Projekten Bau 2 und pRED Center

gut. Als ich Student war, traf es mich sehr, wenn der Professor mein Projekt verriss. Ich hatte noch nicht verstanden, dass zwischen dem Werk und einem selbst immer eine Distanz geschaffen werden muss, um ihm eine autonome Qualität zu verleihen.

2. ORIENTIERUNGEN

Die Geschichte des Büros hat seit dem Jahr 1978 immer wieder Wendepunkte erfahren, Richtungswechsel. Oder auch ein Hin und Her zwischen einer anfänglichen, vorgefassten Meinung von Schlichtheit, die als «minimalistisch» charakterisiert wurde, und einer Komplexität, wie sie besonders in der Hamburger Elbphilharmonie sichtbar wird. Die in diesem Fall insbesondere durch die Artikulation eines multifunktionalen Programms verursachten Mehrkosten haben die Notwendigkeit einer Rückkehr zu einer Schlichtheit erkennen lassen, die auch durch die Finanzkrise 2008 (mit dem Konkurs von Lehman Brothers) naheliegend war. Im selben Jahr wurde auch der für die Firma Roche in Basel entworfene Büroturm von der Firmenleitung verworfen. Das Projekt musste revidiert und vereinfacht werden. Pierre de Meuron erzählte im August 2010:

Das von uns vorgeschlagene Projekt mit zwei sich umschlingenden Spiralen wurde von der Firmenleitung abgelehnt. Das Projekt war baureif, als der Bauherrschaft bewusst wurde, Roche nicht mit einer Architektur repräsentiert sehen zu wollen, die so stark mit dem bestehenden architektonischen Erbe kontrastiert, vor allem einem Hochhaus und dessen Sichtbarkeit im städtebaulichen Kontext Basels. Wir haben ihre klare, deutliche Botschaft schnell verstanden und den Dialog glücklicherweise fortsetzen können. Letzten Endes ist der Turm höher geworden, aber in seinem formalen Ausdruck zurückhaltender. Aus der Sicht der Mehrheit hat das Projekt durch die Vereinfachung gewonnen, aus der Sicht einiger weniger wurde es dadurch banalisiert. Die weniger spektakuläre Form hat sich in diesem Fall als gute Herangehensweise erwiesen, weil sie im weiteren Verlauf eine für die folgende Phase der Arealentwicklung in die Vertikale überzeugende Lösung hervorgebracht hat. Gewisse Umstände erlauben spektakulärere Lösungen, in diesem speziellen Fall war es ratsam, beim äußeren Erscheinungsbild nach Zurückhaltung und Bescheidenheit zu streben, insbesondere weil das Innere von einer Komplexität ist, die dem ausgeführten Bau entspricht. Roche Bau 1 bietet im Inneren wie im Äußeren Raumqualitäten, die für ein Gebäude dieser Höhe ungewöhnlich sind, insbesondere die für die Mitarbeiter zugänglichen Freiluft-Terrassen und die jeweils drei Geschosse übergreifenden Zonen für interne Kommunikation, die über das gesamte Gebäude verteilt sind.

S. 50–51, 98–99, 126–127, 143, 197, 198, 232

Bei einem weiteren Projekt, dem Parrish Art Museum in New York, gab es eine ähnliche Entwicklung, wenn auch in kleinerem Maßstab und im Wesentlichen aus finanziellen Gründen. Nach Pierre de Meuron hat das Projekt durch die Straffung gewonnen.

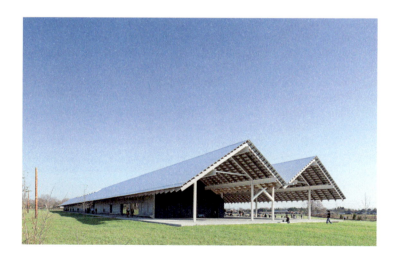

OBEN: Modell des ersten Entwurfs für das Parrish Art Museum (Projekt 2005–2008)
UNTEN: Parrish Art Museum, Water Mill, Long Island, Staat New York (Projekt 2009–2010,
Realisierung 2010–2012)

ORIENTIERUNGEN

Der erste Entwurf des Parrish Art Museum war recht spektakulär, konnte aber aus finanziellen Gründen infolge der Börsenkrise von 2008 nicht umgesetzt werden. Die Museumsleitung hat uns gefragt, ob wir bereit wären, über einen neuen Vorschlag nachzudenken, der mit einem Drittel des ursprünglichen Budgets auskommt. Das Projekt, das seitdem umgesetzt wurde, besteht in einer sehr starken, nicht weniger überzeugenden Lösung, die ich für eine treffende Antwort auf alle Arten protziger Projekte zeitgenössischer Architektur – insbesondere Museen – halte. Das erste Projekt war letztendlich eine Art Übung, die uns erlaubt hat, die unterschiedlichen Künstlerateliers von Long Island zu entdecken und zu studieren, ihre Raumdispositionen und die Lösungen für ihre Beleuchtung mit natürlichem Licht und Kunstlicht. Das war die erste, lehrreiche und unerlässliche Etappe für die Arbeit am zweiten Projekt. Wenn wir ausschließlich an dem realisierten Projekt gearbeitet hätten, hätte ihm die konzeptionelle Klarheit und offensichtliche Ausdruckskraft gefehlt.

Im Laufe desselben Gesprächs erwähnte Jacques Herzog einen Kurswechsel, den das Büro bei der Entwicklung dieser beiden Projekte vorgenommen hatte.

Die neuen Projekte des Büros sind vor allem sehr viel geometrischer und klarer geworden. Die Idee geometrischer Klarheit hat uns aufs Neue fasziniert, nachdem wir eine Zeit lang davor zurückschreckten, sie in großem Maßstab anzuwenden. Der Grat zwischen Klarheit und Purismus auf der einen Seite und monumentalem Heroismus auf der anderen ist schmal. Mit unserem Hintergrund der «bescheidenen Schweiz» ist eine gewisse Monumentalität immer verlockend und zugleich abschreckend. Immer wieder suchten wir aber eine Schlichtheit und Direktheit.

Eine Spiralbewegung vermochte diese neue Schlichtheit eher zum Ausdruck bringen als eine Rückkehr zu den anfänglichen Planungen des Büros. Wie wichtig Flexibilität – auch innerhalb des Büros – ist, zeigt sich im Entwicklungsprozess beider Projekte: beim Roche-Turm wie beim Parrish-Museum.

Wenn Probleme auftauchen und eventuell einen Kurswechsel erforderlich machen, fährt Pierre de Meuron fort, *wirken sie sich nicht nur auf das Verhältnis zum Auftraggeber, sondern auch auf die internen Abläufe im Kern des Büros aus. Wir vertrauen auf das Leistungsvermögen und die Fähigkeiten jedes Teams und jedes einzelnen Mitarbeiters. Das Büro ist gemessen an seiner Größe flexibel genug, aber manchmal beobachte ich eine gewisse Trägheit, eine gewisse intellektuelle Unbeweglichkeit, der es an Ideen, Kritik und Selbstkritik mangelt. Das ist damit vergleichbar, einen Ozeandampfer zu steuern. Jacques und ich geben den konzeptionellen Kurs vor, wir skizzieren die Ideen, diese werden im Inneren der Firma in verschiedenen Projekten aufgegriffen, und plötzlich wird man sich bewusst, dass sich alle am Quadrat orientieren, weil Kreisformen nicht erlaubt sind – also muss man wieder ein Gleichgewicht herstellen, wieder Anpassungen vornehmen, Missverständnisse auflösen – und das braucht*

Zeit. Es ist eine größere Herausforderung, einen Ozeandampfer zu steuern – mit der Qualität der Architektur auf höchstem Niveau als oberstem Ziel. Wir könnten entscheiden, uns auf die großen Linien zu konzentrieren, viel mehr zu delegieren, zum Beispiel die Ausführungsplanung und die Bauleitung. Aber wir wollen nicht, dass es auf eine einzig gültige Methode zu arbeiten und einzugreifen hinausläuft. Wir wünschen uns etwas viel Flexibleres, Offeneres.

Die Projekte sind Ausdruck einer gewollten Diversität, die eine einseitige Fokussierung verbietet. Das Experimentieren lässt sich nicht auf ein striktes Forschungsprogramm reduzieren. Herzog & de Meuron ist es gelungen, Prozesse einzuleiten, die einen größeren Spielraum für Experimente zulassen. Ungeachtet dessen ist das Büro ein Unternehmen. Es ist kein Künstleratelier und kein Laboratorium, auch wenn das manchmal so wirken mag (übrigens können sogar Ateliers und Laboratorien eine industrielle oder semi-industrielle Dimension annehmen). Man muss sich vielmehr ein Laboratorium vorstellen, das in eine Unternehmensstrategie eingebunden ist. Das Experimentieren findet auf mehreren Ebenen statt, Strategie inbegriffen.

S. 93 *Letzten Endes arbeiten wir in einem sehr weiten Spektrum. Ein Extrem ist das VitraHaus [2006–2009], bei dem wir für alles zuständig waren, bis in das kleinste Detail alles selbst im Blick hatten und entsprechend für eventuelle Fehler auch allein verantwortlich sind. Das andere Extrem sind die städtebaulichen Projekte in China: wir liefern eine Idee, ein Konzept, ein Vorprojekt, das von anderen umgesetzt wird; im besten Fall wird das Projekt von einem lokal ansässigen Architekten umgesetzt, dabei unterstützt von einem unserer Teams vor Ort, das die Bauentwicklung begleitet. Für uns stellt dieser Fall eine Herausforderung dar, weil wir herausfinden wollen, ob wir auf solche Weise arbeiten können, nicht nur in einer geografischen und kulturellen, sondern auch in einer physischen Distanz. Bestimmte Architektenkollegen haben entschieden, sich ausschließlich auf die Projekte zu konzentrieren, bei denen sie alles kontrollieren können (so wie wir es beim VitraHaus gemacht haben). Nichtsdestotrotz schien uns diese Perspektive zu eingeschränkt, weil wir unseren Aktionsradius und die Gebiete, in denen wir Erfahrungen haben, erweitern wollen. Um auf die Projekte in China zurückzukommen, im Fall des Qingdao-Projektes wurde unser Konzept bedauerlicherweise vom Auftraggeber wieder aufgegriffen und ohne dass wir davon wussten und ohne unser Einverständnis an irgendein chinesisches Büro weitergegeben.*

Eine der Besonderheiten in der aktuellen Linie des Büros ist die Suche nach einem Gleichgewicht zwischen Freiheitsansprüchen und Improvisationsmöglichkeiten, wie sie dem künstlerischen Wirken eigen sind, und der Funktionsweise eines Unternehmens, die auf Produktionsnormen zu reagieren hat. Die Lösungen variieren je nach Projekt, es gibt keine feste Regel, kein Patentrezept. Jacques Herzog und Pierre de Meuron sind der Meinung, dass es Architektur auch ausmacht, mit Ungewissheiten und chaotischen

Gegebenheiten konstruktiv umzugehen; sie wollen bewusst nicht diejenigen sein, die über allem stehen und von vornherein eine Antwort auf alles haben. Dementsprechend versuchen sie auch, industrielle Produktion und handwerklich-künstlerische Dimension miteinander zu verbinden. Seit etwa zwanzig Jahren ist das Projektvolumen des Büros konstant erhöht worden, um Interventionen im großen Maßstab – in Metropolen und Landschaftsräumen – zu ermöglichen; der wirtschaftliche Erfolg gibt zudem Handlungsspielraum für schwierige, wenig rentable, sogar defizitäre Projekte. Die Probleme, auf die man während des Baus der Hamburger Elbphilharmonie stieß, konnten so aufgefangen werden. Ähnliches gilt für die in einer Favela von Natal (Brasilien) gebaute Sporthalle – eine solidarische Gemeinschaftsaktion, an der die Bewohner, ein soziales Zentrum, die städtischen Behörden, die Universität und eine Stiftung beteiligt sind. Die Originalität des Projektes, das Konzept hat das besondere Interesse des Büros geweckt. Die Lehrtätigkeit hat Jacques Herzog und Pierre de Meuron ermöglicht, einen anthropologischen Zugang zur Architektur zu pflegen. S. 24, 248

3. AUFTRÄGE UND GESCHICK, DIE SOZIALE FRAGE

Jacques Herzog erinnert gerne daran, dass die meisten guten Projekte des Büros von einer vertrauensvollen Beziehung zu den Auftraggebern profitiert haben; er erwähnt das Schaulager mit Maja Oeri, das VitraHaus (bei dem ihnen Rolf Fehlbaum volles Vertrauen schenkte), die Aufträge von Miuccia Prada aber auch die Tate Modern (Nicholas Serota), das Weingut Dominus (Christian und Cherise Moueix), Actelion (Jean-Paul Clozel), außerdem die vielen Projekte für Ricola und Roche – bei diesen Unternehmen aus dem Großraum Basel gab es einen regelmäßigen persönlichen Austausch mit den Direktoren. Diese Beobachtung gilt allerdings nicht nur für das Büro Herzog & de Meuron, sondern für alle Büros, die ungeachtet aller standardisierten Prozesse und Produkte einen Anspruch an Innovation und handwerkliches Experimentieren bewahrt haben. Gleichwohl bleibt es ein Luxus, wenn sich der Auftraggeber persönlich einbringt. Diese optimale Ausgangslage erheben Herzog & de Meuron daher nicht zur Voraussetzung. S. 93 S. 252 S. 22, 218/S. 97 S. 40, 202-207/ S. 12, 46-47, 50-51, 98-101, 122-123, 126-143, 232

Das auf vollstem gegenseitigem Einvernehmen mit dem Auftraggeber gründende Nullrisiko als Ideal einer freien Handhabung ist ohnehin nur Fiktion. In der Architekturgeschichte wurde der Traum vom idealen Auftraggeber im Allgemeinen Wirklichkeit in einem narzisstischen Spiegelspiel zwischen Kunst und Macht. Der Kult des genialen schöpferischen Schaffens ist mit einem Bild des Künstlers verknüpft, das nur schlecht mit der Idee einer «Kunst für die Öffentlichkeit», wie sie in der zweiten Hälfte des 18. Jahrhunderts entstand, in Einklang zu bringen ist.

Der Gedanke, dass die Kunst sich an die gesamte Öffentlichkeit richtet und nicht an eine bestimmte Gemeinschaft, eine Institution oder Persönlichkeit, geht auf die Zeit der Aufklärung zurück. Sie ist nicht unvereinbar mit der Vorstellung des künstlerischen Wirkens als Recherche, Experiment, Laborarbeit. Daniel-Henry Kahnweiler, der Kunsthändler von Braque und Picasso, war zum Beispiel überzeugt, dass die Werke dieser beiden Künstler, die zunächst nur einer glücklichen Minderheit zugänglich waren, die umgebende Kultur verändern sollten und aus diesem Grund für alle von Bedeutung sein würden. Diese Idee spiegelt sich auch in der Strategie des Büros Herzog & de Meuron wider. Selbstverständlich müssen in der Architektur die auferlegten Restriktionen des jeweiligen Auftrages berücksichtigt werden, doch Kahnweilers liberale Idee findet ihr Pendant in einer progressiven Konzeption des Designs (und des Projektes), das formale Innovation mit den Normen der Kultur (einschließlich Arbeit) verbindet.

In den 1980er-Jahren träumten die postmodernen Architekten oft davon, die Architektur als Disziplin in der Form wiederherzustellen, wie sie in der Idee der schönen Künste zum Ausdruck kam, in der die Architektur neben der Malerei und der Bildhauerei stand. Herzog und de Meuron hielten sich von dieser Bewegung eines akademischen Revivals fern. Aus ihrer Sicht braucht die Architektur aufgeklärte Auftraggeber, um einerseits eine Banalisierung des Bauens durch gewissenlose Geschäftemacher zu überdauern und um sich andererseits nicht von den Standards einer kleinen Elite vereinnahmen zu lassen.

Doch steht das Ideal des aufgeklärten Auftraggebers nicht nur im Widerspruch zur Idee der Kunst für die Öffentlichkeit; es widerspricht auch dem Prinzip einer Architektur für alle. In Deutschland entwickelten die Aktivisten der sozialen Architektur in den 1920er-Jahren einen Standard für die «Wohnung für das Existenzminimum». Der Begriff wird heute noch falsch verstanden. Es ging darum, eine konstruktive Ethik auf der Basis eines allgemeinen Komforts zu gründen, im Gegensatz zu den einer Minderheit von Privilegierten vorbehaltenen Affektiertheiten. Das Hygienekriterium war dabei eine zentrale Komponente. Das Prinzip einer rationalen Organisation des Wohnraums basierte auf der Forderung, den Wohnraum im Hinblick auf ein Maximum an Lebensqualität für alle zu geringsten Kosten zu optimieren. Dieses Ideal einer puristischen Ergonomie, das von der Rationalisierung der industriellen Arbeit geprägt war, wurde bis zum Überdruss angeprangert. Die Kritik konzentrierte sich auf die theoretischen Konzepte, vernachlässigte aber dabei die Analyse der Gebäude. Im Gegensatz dazu studierten Herzog und de Meuron die Basler Siedlungen und die Prototypen-Häuser von Hans Schmidt und Paul Artaria eingehend.

S. 147, 156-185

Das Ideal einer guten Architektur für alle stand Ende der 1990er-Jahre hinter dem Projekt in der Rue des Suisses in Paris: ein Experiment im Wohnungsbau, welches das Büro Herzog & de Meuron aus verschiedenen Gründen leider nicht weiterentwickeln konnte. Insbesondere ließen sich die Leitlinien des Büros nicht mit den konstruktiven, finanziellen und technischen Normen des sozialen Wohnungsbaus vereinbaren. Dennoch wird im Hauptteil des Buches deutlich, wie stark sich das Interesse an den rationalisierten Formen der Siedlungsarchitektur auf die Geschichte des Büros ausgewirkt hat. Bis heute ist die präzise, detaillierte Beachtung aller Grundbestandteile der Konstruktion eine Konstante im Vorgehen des Büros geblieben. Diese Bestandteile sind «Elemente» im Sinne der Konstruktivisten des 20. Jahrhunderts. Als solche überschreiten sie die hierarchischen Kategorien der Baukunst, die sich in akademischen Doktrinen finden; sie betreffen jeden Gebäudetypus und schließen die standardisierte Familienwohnung nicht aus.

Herzogs und de Meurons Ansatz der sozialen Architektur ist der Demagogie kaum verdächtig. Ihr Interesse galt dem Einsatz von Qualitätsstandards im Wohnungsbau. Es scheint, als hätten sie sogar über ein beständiges Interesse am Haus als primäre oder fundamentale Form des Wohnens eine «modernistische» Tradition auf ihre Weise fortbestehen lassen können, ohne sich, wie es einige postmoderne Ideologen gemacht haben, auf eine prämoderne «Baukunst» zu berufen. Das Prinzip der «Materialgerechtigkeit», von John Ruskin ursprünglich als *truth to materials* bezeichnet, kann als eine traditionalistische, dem Kunstbegriff feindlich gegenüberstehende Lehrmeinung angeführt werden. Herzog und de Meuron haben dieser Norm nicht zugestimmt, sich aber doch auf der Basis einer minutiösen Beobachtung konstruktiver Elemente eine eigene ergonomische Disziplin erarbeitet, die den Pionieren auf dem Gebiet des sozialen Wohnungsbaus sehr viel verdankt.

4. DIE VERNAKULÄRE ARCHITEKTUR

Herzog und de Meuron haben, was unter sehr bekannten Architekten selten vorkommt, einen Sensus für das Vernakuläre, das Einheimische, und dessen Potenzial für technologische Recherche. Dieses Verständnis trägt eher die Merkmale einer experimentellen Methode als eines Festhaltens an traditionellen Werten. Vom heutigen Wertediskurs, der auf dem Unbehagen an der Globalisierung beruht und Züge einer kulturellen und politischen Reaktion trägt, hat das Büro Herzog & de Meuron, einer der hervorragendsten und respektabelsten Vertreter der globalisierten Architektur, Abstand genommen. Seine Methode kombiniert Pragmatismus und Nüchternheit, sie setzt einige letztlich recht einfache Prinzipien voraus, die im Übrigen nie Anlass zu großen theoretischen Abhandlungen gegeben haben. Vorbedingung jedes Projektes ist eine Analyse des Kontextes, dies ist auch und vor allem eine Reflexion des Programms bis in seine immateriellsten Elemente (insbesondere die Psychologie des Auftraggebers) und eine Durchdringung territorialer Gegebenheiten über den unmittelbaren Standort hinaus. Diese Haltung erlaubt einen Eingriff in die unterschiedlichsten Situationen, weil sie auf

Sozialer Wohnungsbau an der Rue des Suisses, Paris (Wettbewerb 1996, Projekt 1997–1998, Realisierung 1999–2000): Fassade zur Rue des Suisses und Blick in den Innenhof, September 2015 [GD]

DIE VERNAKULÄRE ARCHITEKTUR

starre Prinzipien und Methoden, die bei jeder Gelegenheit angewendet werden müssen, verzichtet.

Die Entwicklung des Büros ist vergleichbar mit jener der Firma Ricola, die ebenso ein Knowhow exportiert, das auf lokalen Ressourcen gründet (die Analogie erklärt übrigens zum Teil den Erfolg der für diese Firma konzipierten Gebäude auf allen Ebenen, einschließlich Kommunikation). Mit seinem Gitterwerk, das auf einheimische Steine zurückgreift, ist das Weingut Dominus ein weiteres Beispiel vernakulärer Architektur. Die Idee, dass das Baumaterial der Einschreibung des Gebäudes in seine Umgebung dient, wurde schon mehrfach praktisch umgesetzt, im Raum Basel vor allem mit dem Schaulager (1998–2003) und mit dem Kräuterzentrum von Ricola (2010–2014).

S. 22, 218-219
S. 204-207

Pierre de Meuron weist darauf hin, dass die Konzeption dieses Gebäudes eine Interpretation des spezifischen Metiers der Firma Ricola ist und nicht den allgemeinen (schlechten) Grundsätzen folgt, die sonst bei der Konzeption von Industriegebäuden vorherrschen:

Der Prozess der Kräuterherstellung ist der Herstellung von Wein ähnlich, es ist eine lineare Kette von Transformationen eines natürlichen Produkts. Die Kräuter werden von den Bauern geliefert, isoliert gelagert, durchlaufen verschiedene Trocknungsstufen und werden schließlich in Säcke verpackt. Später werden sie je nach Rezept zu einer bestimmten Mischung zusammengestellt und anschließend erneut gelagert. Alles ist automatisiert, nicht mehr als fünf Angestellte werden benötigt.
Die Ingenieure denken nicht gesamtheitlich, sie haben eine Abfolge von Maschinen und Funktionen im Kopf, eine Art konkretisiertes Diagramm. Das Resultat ist ein gebautes, unförmiges Monster. Wir haben unsererseits eine schlichte Form vorgeschlagen – ein rechtwinkliges Prisma. Wir haben an unserem Vorschlag festgehalten und konnten letztlich den Auftraggeber und die Nutzer überzeugen. Eine einfache Struktur mit großen neutralen Volumen ist der Kern eines Industriegebäudes. Zwanzig oder fünfzig Jahre später kann es leergeräumt und einer neuen Funktion angepasst werden.
Die landwirtschaftliche und lokale Bedeutung der Ricola-Produktion kam uns sehr entgegen. Wir wussten, dass es sich um ein Industriegebäude beträchtlicher Größe handeln würde. Wir haben uns für Lehm, genauer Stampflehm, als Material für den Bau der äußeren Hülle entschieden. Ein Material, mit dessen Herstellung wir uns schon bei früheren Verwendungen auseinandergesetzt, aber bis zum jetzigen Zeitpunkt nicht das Projekt gefunden haben, das es vollkommen rechtfertigt. Der Stampflehm ist, ähnlich wie Beton, ein Baumaterial, das sich aus unterschiedlichen Bindemitteln und natürlichen Zuschlagstoffen zusammensetzt, die aus lokalen Steinbrüchen, Lehm und Kiesgruben geliefert werden konnten, die weniger als zehn Kilometer entfernt sind. Die Lehm-Fassade wurde aus Blöcken aus Stampflehm gebaut, die vor Ort vorproduziert wurden. Wir haben bei den Transportkosten extrem sparen können. Die physischen

Schaulager, Laurenz-Stiftung, Basel/Münchenstein, Kanton Basel-Landschaft (Projekt 1998–1999, Realisierung 2000–2003), September 2015 [GD]. OBEN: Haupteingang an der Ruchfeldstrasse; UNTEN: Detail der Betonwand und einer Tür aus Metallflechtwerk

Qualitäten des Stampflehms sind sehr interessant, insbesondere die thermische Trägheit, die Differenzen zwischen Außen- und Innentemperatur des Gebäudes ausgleicht und dadurch den Bedarf zusätzlicher Klimatisierung reduziert. Die notwendige Energie wird hauptsächlich von den Solarzellen auf dem Dach erzeugt. Die Mehrkosten für die Fassade, die ungefähr fünf Prozent des Gesamtbudgets ausmachen, stellen eine zusätzliche Investition dar, die vom Auftraggeber im Bewusstsein der offensichtlichen, qualitativen wie quantitativen Vorteile akzeptiert wurde.

Die Ähnlichkeit mit dem Konstruktionsprozess des Schaulagers ist offensichtlich. Die inneren wie die äußeren Wandflächen sind sichtbar. Der Eindruck von Porosität erinnert an die Gabionen des Moueix-Weinkellers. Dieser Konstruktionsweise schlossen sich teilweise auch die entwurfliche Entwicklung der kulturellen Einrichtungen von Santa Cruz de Tenerife (die S. 24 über eine Zeitspanne von etwa zehn Jahren, zwischen 1999 und 2008, realisiert wurden) und die Planung der Ciudad del Flamenco in Jerez (ein Projekt, das seit 2009 stockt) an. In diesen ganz verschiedenartigen Situationen ist die geografische Einschreibung, angefangen bei den geologischen Gegebenheiten, sehr markant.

In Jinhua, China, haben Herzog & de Meuron für ein Projekt im städtischen S. 186-193, 224 Maßstab (die Planung eines neuen, in Reisfeldern am Stadtrand gelegenen Wohnquartiers) eine Bauweise vorgeschlagen, die eine lokale Technik wiederaufblühen lassen sollte: das Bauen mit Ziegeln. Bis zum Bau der Sporthalle in der Favela Mãe Luíza von Natal hat das Büro – mit Ausnahme der mit Studen- S. 24, 248 ten des ETH Studio Basel durchgeführten Workshops in Kairo, Casablanca, Damaskus, Beirut, Belo Horizonte oder Kalkutta – allerdings nicht gezielt auf Methoden des Selbstbaus oder auf die Verwendung recycelten Materials gesetzt. Solche Bauweisen sind heute von besonderem Interesse für Architekten, die sich in den entlegenen Regionen der Weltwirtschaft (oder sogenannten Schwellenländern) engagieren.

5. DER KUBUS

Jacques Herzog und Pierre de Meuron hüten sich vor «Repräsentation» und Symbolismus. Sie setzen auf Klarheit und eine schlichte Form, die Kompositionseffekte entbehrt, aber eine komplexe Struktur aufweist. Obwohl sie die Dramatisierung der Materialien bei Joseph Beuys durchaus schätzen, haben S. 80-86 sie sich von der «minimalistischen» Kunst inspirieren lassen und sich insbesondere mit dem von Rémy Zaugg analysierten Œuvre Donald Judds auseinandergesetzt. Diese Diskrepanz hat ihre Entwicklung entscheidend geprägt. Dank Zaugg glorifizieren sie die angeblich «minimale» Unpersönlichkeit nicht als eine Form hypermoderner geometrischer Schlichtheit. Ihr Misstrauen gegenüber Dogmen ließ sie die puritanische Norm überwinden,

OBEN: TEA, Tenerife Espacio de las Artes, Santa Cruz de Tenerife, Kanarische Inseln (Projekt 1999–2007, Realisierung 2002–2008)
UNTEN: Sport- und Freizeitzentrum Arena do Morro, Mãe Luíza, Natal, Brasilien (Projekt 2011–2012, Realisierung 2012–2014)

mit der sie, in Basel lebend, notgedrungen arbeiten mussten. Für Herzog und de Meuron muss eine moderne Form nicht puristisch sein, sie muss nicht auf jegliches Pathos und jegliche psychologische Resonanz verzichten.

Wir haben oft über die psychologische Komponente gesprochen. Die vom Objekt hervorgerufene perzeptive Erfahrung war für sie von noch größerem Interesse als die Form an sich, die zu häufig auf einen substanzlosen Geometrismus reduziert ist. Seit den von Vertretern des Minimalismus häufig gelesenen und zitierten Analysen von Maurice Merleau-Ponty (*Phénoménologie de la perception*, 1945) ist der Kubus zu einer Art idealen Form erklärt worden, ähnlich wie der Kreis für die theologische Literatur. Für Herzog und de Meuron gibt es keine geometrische Figur, die einer anderen überlegen ist; sie verfolgen nicht den Traum einer mathematischen Umsetzung der physischen Welt. Es sei daran erinnert, dass auch Galilei es ablehnte, die geometrischen Figuren zu hierarchisieren (wiewohl er sich verpflichtet fühlte, den Kreis zu bevorzugen). Für Herzog und de Meuron ist der Kubus zunächst eher eine Form als eine Figur, die einem Zuschnitt, einem Volumen, einer eventuellen Mobilität (Würfel) entspricht. Und auch mehr noch als ein architektonischer Formtypus, der mit der Vorstellung eines rein geometrischen Volumens übereinstimmt, ist der Kubus ein «Wahrnehmungsmodul».

In Rémy Zauggs Beschreibung der im Kunstmuseum Basel ausgestellten sechs Kuben von Donald Judd fanden sie einen Gegenentwurf zu den sogenannten puristischen Bestrebungen.[1] Zaugg betonte die konstruktive Strenge der metallischen Kisten: «Das Werk ruft im ersten Augenblick eher die Vorstellung fabrikmäßiger Gegenstände als die einer Skulptur hervor. Aus einfach aneinandergeschweissten vulgären Stahlplatten konstruierte Kisten sind tatsächlich in der Kunst ungebräuchlich. Weder dieses Material noch diese Konstruktionsweise verleihen den Gegenständen das Aussehen eines Kunstwerks. Es handelt sich da um Eigenschaften von Industrieprodukten, nicht aber von Skulpturen.» Und er fuhr fort: «Das Werk beschränkt sich nicht darauf, die Vorstellung von serienweise fabrizierten Gegenständen herbeizurufen, sondern erinnert auch an vorfabrizierte Bauelemente. Die würfelförmigen Gegenstände weisen nicht nur auf einen beliebigen Seriegegenstand hin, sie ähneln auch gewissen Bauelementen. Man stellt sich vor, sie könnten das Glied eines Vorgangs sein, bei dem nur der Abschluss zählt, beispielsweise einer Brücke, eines Gebäudes oder einer Fabrik. Das gibt ihnen einen Charakter von Zwischenprodukten [das unterstreiche ich], von unentschiedenen, provisorischen und unvollendeten Dingen, kurz, von Dingen, mit denen noch alles zu tun bleibt und auch getan werden kann.»[2]

Natürlich kann die Architektur diesen Aspekt nur bedingt aufgreifen. Der Architekt ist angehalten, ein abgeschlossenes Produkt zu liefern, und das Büro Herzog & de Meuron wird gerade für die Sorgfalt bei technischen Fragen und beim letzten Feinschliff geschätzt. Das Bild des «Zwischenproduktes» entspricht ihnen nicht. Und dennoch verleitet das von Zaugg beschriebene Werk zu der Vorstellung eines Prozesses, die der Alleinstellung vom Werk als Objekt widerspricht. In der zeitgenössischen Malerei wurde diese Idee seit Anfang der 1950er-Jahre ostentativ, nahezu illustrativ, in der Art eines Fetischs vorgebracht. Architekten verweist sie auf die Realität des konzeptuellen Sichherantastens (Basteln?), das die Entwicklung eines Projektes charakterisiert. Das Wagnis besteht darin, durch das Nebeneinanderstellen von Hightech-Formen und «armen», vernakulären Materialien oder solchen, die aus irgendeinem Katalog mit standardisierten Industrieprodukten entnommen sind, ein manieristisches Äquivalent intermediärer Formen zu schaffen. Dieser Manierismus ist in der zeitgenössischen Architektur weit verbreitet. Für Architekten wie Herzog und de Meuron geht die vollkommene Form aus einer Aufeinanderfolge von Regulierungen, Annäherungen hervor, die im finalen Ergebnis erkennbar bleiben muss, ohne deswegen ostentativ zur Schau gestellt zu sein: Der Wandlungseffekt der Kuben von Judd ist eine Komponente der experimentellen Herangehensweise, die die Gesamtheit der Projekte (und nicht etwa dieses oder jenes Projekt gesondert betrachtet) begleitet.

6. KÖRPERBILD

Es gab eine Zeit, in der Künstler, in den Vereinigten Staaten und darüber hinaus, Objekte schufen, die weder zur Malerei noch zur Bildhauerei zählten. Diese von Judd als «specific objects» bezeichneten Objekte (1965) entstanden an der Schnittstelle von Assemblage, Pop-Art und einer Geometrie, die sich (besten- und schlimmstenfalls) von utopischen Zielen der europäischen Bewegung der Moderne befreite. Diese Objekte sind nicht notwendigerweise «abstrakt», sondern weisen oft einen figurativen Gehalt auf. Sie stellen keine Repräsentation des Körpers dar, sind aber insofern dessen Äquivalent, als sie die Grundzusammenhänge von Organismus und «Körperbild» behandeln: Trennung und Interaktion zwischen innen und außen, Sensibilität der Oberfläche als gespannte Haut, Spannung zwischen (funktionaler) Gesamtheit und mehr oder weniger dissoziierten Fragmenten et cetera.

In Europa haben Herzog und de Meuron für ihre Zwecke eine analoge Situation geschaffen, ohne nach Äquivalenten im zeitgenössischen Architekturschaffen zu suchen. Ihr Experimentieren mit Kubus und Kiste führte sie zu einer Neudefinition der Fassade als eine Penetration der Oberfläche ins Volumen, mit mannigfaltigen Wirkungen von Stärke und Ausstrahlen (durch die Farbe), Aushöhlen und Transparenz. Ihre aktuellen Studien, insbesondere mit Materialien, sind Teil dieser Untersuchung des Körperbildes – in der Bedeutung, die diesem Begriff seit Paul Schilders Werk *The Image and Appearance of the Human Body*[3] in der Sprache der Psychoanalyse zukommt.

KÖRPERBILD

Die Repräsentationskultur, auf der die westliche Kunst seit Jahrhunderten gründete, verband das Vorbild der Natur mit der Struktur des menschlichen Körpers als Vorbild des Schönen und Paradigma eines Proportionssystems. Angegliedert an die schönen Künste, wurde die Architektur als ein Diskurs (oder eine Form der Sprache) gedacht, theoretisiert und verwirklicht. Herzog und de Meuron haben das Scheitern dieses Systems aufgegriffen, auch wenn Jacques Herzog gegenüber theoretischen Texten und Manifesten von Architekten mitunter sehr kritisch ist. Unermüdlich setzen sie die beiden Grundparameter des Systems der schönen Künste – Körper und Natur – um, und dies vor dem Hintergrund einer technischen Forschung, die auf den Fortschritten in der Biochemie und Biogenetik beruht.

Das am Stadtrand gelegene REHAB Basel (Zentrum für Rehabilitation von querschnittsgelähmten und hirnverletzten Menschen, 1998–2002) und das Laban Dance Centre (1997–2003), ein Institut für zeitgenössischen Tanz in einem Vorort Londons, sind, neben weiteren Projekten, Orte, in deren Konzeption der menschliche Körper im Mittelpunkt steht. Das Laban Centre stellt die Realisierung eines Programms dar, in dem alles auf die Körperübung ausgerichtet ist. In beiden Fällen ist das Licht ein entscheidender Faktor, und die Volumen sind konzipiert als Extensionen einer Mobilität, die wiederhergestellt oder optimiert werden soll. Die semireflektierenden Verglasungen der Cafeteria des Laban Centre korrespondieren mit der Porosität der Körperoberfläche: Sie setzen das Gebäude in eine Beziehung zu seiner Umgebung, analog zu der des Körpers zum umhüllenden Stoff. Der Bezug zu den Pavillons von Dan Graham bestätigt die psychische Dimension der Reihe an architektonischen Maßnahmen. Hier geht es nicht nur um Komfort; zum Wohlbefinden gesellt sich ein Gefühl von Fremdheit, eine Störung der räumlichen Orientierungspunkte: denn Distanz ist die notwendige Bedingung für eine wiederhergestellte, wiedergefundene unbefangene Beziehung zur Welt.

S. 30

S. 28

Die im REHAB aufgenommenen Patienten, sagt Jacques Herzog, *haben erfahren müssen, wie sich ihre Welt von einem Tag zum anderen enorm verkleinerte, ihr physischer Raum war mit einem Mal sehr begrenzt. Wir haben versucht zu verstehen und uns vorzustellen, was passiert, wenn die eigenen Bewegungen plötzlich so stark eingeschränkt sind. Mit transparenten Kugeln, die die Zimmer wie Oberlichter von der Decke her beleuchten, haben wir versucht, Welt und Natur über das Spiel der Lichtreflexe auf einen kleinen Raum zu konzentrieren. Das ist wie ein architektonisches LSD! Das Gebäude übernimmt die Rolle eines Instruments, das etwas Bewegung und Freiheit zurückgibt: zu atmen, zu sehen, sich zu bewegen und durch das Wiederentdecken der Welt eine gewisse Unabhängigkeit wiederzufinden. Hier stößt man auf eine archaische Dimension der Architektur. Dieter Koepplin sprach mit Blick auf Beuys' Werke von «Prothesen».*

Laban Dance Centre, London (Wettbewerb 1997, Projekt 1998–1999, Realisierung 2000–2003)

Im REHAB überträgt die Architektur tatsächlich die von Beuys behauptete therapeutische Dimension der Kunst. Das Bild der Prothese ist dennoch zweifelhaft, denn eine Prothese kompensiert ein körperliches Defizit, sie verändert direkt den körperlichen Zustand. Im REHAB und im noch größeren Maße im Laban Centre legt die Architektur großen Wert auf Lichtwirkung, Umgebung, Atmung. Ein exemplarischer Fall von Architektur, die, in der Begrifflichkeit von Programm und Situation, nur spezifisch sein kann. Die Architektur muss das ganze Potenzial des Ortes in sich aufnehmen. Die Konzentration atmet, weil die ganze unmittelbare Umgebung absorbiert ist, verwandelt in eine «Atmosphäre», die den Gesundungsprozess und eine physiologische «Rehabilitation» begünstigt.

Die Elemente, mit denen diese Stimmung erzeugt wird, sind keine organischen Substitute. Sie gliedern sich nicht der anatomischen Struktur an, sind nicht gleicher Natur. Dafür greifen sie in die metabolische Beziehung des Körpers zu seiner Umwelt ein. Die Schaffung der Formen wird hier zu einer physiologischen und psychophysiologischen Interpretation der Umgebung. Im (evolutiven) System der schönen Künste, das sich von der Renaissance bis zur zweiten Hälfte des 19. Jahrhunderts gehalten hat, spielte die Anatomie als wissenschaftliche Absicherung eine wesentliche Rolle, ebenso wie die Optik (für die Perspektive). Im 19. Jahrhundert jedoch bewirkte Claude Bernard mit seiner Studie des «inneren Milieus» des Körpers die Wende in der experimentellen Medizin und führte einen weiteren Beobachtungsparameter ein.

Der Autor der *Introduction à l'étude de la médecine expérimentale* (1865) erinnerte daran, dass «die Anatomie die notwendige Grundlage jeder theoretischen und praktischen medizinischen Forschung ist». Er würdigte den großen Schweizer Wissenschaftler Albrecht von Haller (1708–1777), merkte aber an: «Der ganze humorale oder physikalisch-chemische Teil der Physiologie, der sich nicht sezieren läßt und das darstellt, was wir unser inneres Milieu nennen, wurde vernachlässigt und blieb im Dunkel. Der Vorwurf, den ich hier gegen die Anatomen richte, welche die Physiologie der Anatomie unterordnen möchten, trifft auch die Chemiker und Physiker, die es ebenso machen wollten. […] Mit einem Wort: ich bin der Ansicht, dass die Physiologie, die vielfältigste aller Wissenschaften, nicht vollständig aus der Anatomie erklärt werden kann. Die Anatomie ist nur eine Hilfswissenschaft der Physiologie […].»[4]

Claude Bernard ordnete die Physiologie in die Gruppe der «biologischen Wissenschaften» ein und unterschied sie von der Zoologie und der vergleichenden Anatomie. Diese untersuchen die Lebewesen, indem sie nach den «morphologischen Gesetze[n] ihrer Entwicklung und Wandlung» suchen. Die Physiologie hingegen klassifiziert keine Formen: «Der Physiologe stellt sich auf einen anderen Standpunkt: er befasst sich nur mit einer einzigen Frage, mit den Eigenschaften der lebenden Materie und dem Mechanismus des Lebens, wie auch immer er in Erscheinung tritt. Für ihn gibt es keine Rassen,

Schwimmbad des REHAB, Zentrum für Rehabilitation von querschnittsgelähmten und hirnverletzten Menschen, Basel (Wettbewerb 1998, Projekt 1998–1999, Realisierung 1999–2002), Juli 2014 [GD]

Gruppen und Untergruppen. Er kennt nur Lebewesen, und wenn er eines für seine Untersuchungen auswählt, so bestimmt ihn dabei im Allgemeinen die Eignung der Art für den beabsichtigten Versuch.»[5] Der Physiologe verband folglich die Studie der Funktionsweise des Lebenden mit der des «inneren Milieus» des menschlichen Körpers.

Es wäre interessant, zwei vergangene Perioden des Schaffens von Herzog & de Meuron aufgrund wissenschaftlicher Modelle zu vergleichen und dabei das Körperbild im Kopf zu bewahren, das seit Cézanne – auf dem Gebiet der visuellen Künste – eng verknüpft ist mit der pikturalen Interpretation von Empfindungen.

Jacques Herzog und Pierre de Meuron erinnern gerne daran, dass sie in Rémy Zauggs Schuld stehen: für seine *Perzeptiven Skizzen* zu einem Bild von Cézanne *(Das Haus des Gehängten)* und seine unermüdlichen Untersuchungen zur Wahrnehmung. Ihr anfängliches Interesse für die Architektur als Erzeugung von Objekten hat, was den morphologischen Aspekt betrifft, seinen Ursprung in ihrer Ausbildung bei Aldo Rossi, auch wenn die Methode des Architekturtheoretikers und Pädagogen sie stärker beeinflusste als dessen Projekte. Zaugg führte sie vor allem in das Denken und Nachdenken über Bilder ein. Ein Gemälde ist nicht ein gemaltes Bild, sondern das Übungsfeld einer Praxis, die die Gesamtheit des Körpers mit einschließt.

Für Rémy Zaugg, den Interpreten Cézannes, ist das Bild ein Äquivalent zur Welt. Nicht, weil es ein vollkommenes Abbildungsprogramm wäre, sondern weil es alle Empfindungen in sich aufnimmt, zum sensiblen, erfassbaren Sujet wird. Bei Cézanne gibt es kein Programm, sondern ein Experiment und ein Sujet, das sich in die Malerei einschreibt. Im Projekt für die Firma Roche, bei dem Herzog & de Meuron mit Zaugg zusammengearbeitet haben, weist die erste Wand im Eingang des Gebäudes den folgenden Satz auf: «Ich, das Bild, ich fühle …». Das Bild ist im Grunde das Subjekt, es fühlt und spricht. Dennoch ist diese Sprache nicht die der Architektur. Ein Gebäude kann ein pikturales (oder pittoreskes) Motiv darstellen, es kann nach einer Zentripetalbewegung konzipiert sein und sich tatsächlich um sich selbst zu drehen scheinen, losgelöst von seiner Umgebung. Architektur kann aber nicht wie das Bild den Anspruch darauf erheben, autonom zu sein.

S. 129-139

Was für uns zählt, so Jacques Herzog 2010, ist die Dichte an sinnlicher Wahrnehmung, die ein Bild enthält und die es beim Wahrnehmungsprozess durch den Betrachter offenbart. «Leben» drückt sich eigentlich in den verschiedenen Formen von Wahrnehmung aus. Rémy Zaugg unterschied zwischen der künstlerischen Wahrnehmung und anderen Formen der Wahrnehmung, insbesondere der alltäglichen. Kreativität, Vitalität, wie auch immer man diese Lebensenergie nennen mag, ist demzufolge bei einem Kunstwerk reicher und intensiver als beispielsweise bei Werbung, welche einen eindeutigen Zweck verfolgt und die Wahrnehmung des Betrachters nicht öffnet, sondern einengt.

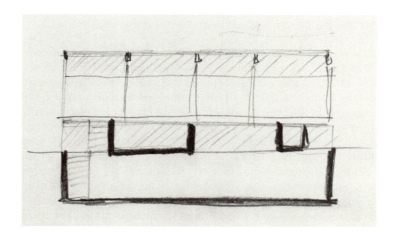

OBEN: Sammlung Goetz, Haus für eine private Sammlung zeitgenössischer Kunst, München (Projekt 1989–1990, Realisierung 1991–1992)
UNTEN: Schnitt durch den zur Hälfte in die Erde eingegrabenen Ausstellungsraum (Skizze von Jacques Herzog)

KÖRPERBILD

In den 1980er-Jahren behandelte das Büro die Fassaden vieler Projekte wie ein materialisiertes Bild, das heißt wie eine verstärkte, verzierte Oberfläche, eine Haut. Es war die Zeit, in der sich in Deutschland, namentlich in Düsseldorf (der Stadt von Beuys und von Bernd und Hilla Becher) eine Kunst des «Bildes als Objekt» entwickelte, die sich von der Poptradition unterschied. Herzog und de Meuron schlossen sich dieser Tendenz, zu der unter anderem Künstler wie Thomas Schütte oder Reinhard Mucha gehörten, an. Deutlich wird dies auch in dem Buch *Architectures of Herzog & de Meuron. Portraits by Thomas Ruff*, das von der Galerie Peter Blum in New York im Jahr 1994 veröffentlicht wurde.

Das Haus der Sammlung Goetz (München, 1989–1992) war das entscheidende Projekt des Büros Herzog & de Meuron Ende der 1980er-Jahre. Gerhard Mack hat dessen Wirkung hinsichtlich der Erfahrung räumlicher Wahrnehmung zusammengefasst: «Die Bauvorschriften für die Wohngegend begrenzten Höhe und Grundfläche des Gebäudes, so daß der geforderte Ausstellungsraum nur durch ein Kellergeschoß erzielt werden konnte. Herzog & de Meuron machten diese Begrenzung zur Grundlage ihres Entwurfs. Zunächst einmal verzichteten sie auf die traditionelle Lösung, im Untergeschoß Video-Kunst und Zeichnungen zu entsorgen. Auf beiden Ausstellungsetagen sollte eine gleichwertige Raumqualität geschaffen werden: Die konventionelle Hierarchie der Räume ist umgedreht. Versuche mit klassischem Oberlicht wurden, wie frühe Skizzen zeigen, bald fallengelassen, der große, üblicherweise damit ausgestattete Ausstellungssaal, das Zentrum eines Hauses, in den Keller verlegt. Im oberen Stockwerk befinden sich drei kleinere Ausstellungsräume. Das gleichmäßige, blendfreie Tageslicht, das durch hohe Bänder aus mattem Glas fällt, sorgt dafür, daß in den Räumen mit ihren 4 bis 5,5 Meter hohen Wänden aus ungestrichen belassenem Putz nicht mehr wahrzunehmen ist, auf welcher Etage man sich befindet.»[6]

Das von Grün umgebene Gebäude aus transluzidem Glas zeichnet sich durch eine hohe Präzision aus. Zugleich einfach und verwirrend, war und bleibt es eine seltene Ausführung einer Objektarchitektur, die sich von Hightech-Tendenzen ebenso wie von postmodernen Manierismen abgrenzt und dabei an die Pavillons und andere «Verrücktheiten» des Ancien Régime, des französischen Absolutismus, erinnert. Schließlich war München eine der Hochburgen dieser Richtung (das Büro Herzog & de Meuron realisierte hier zwei weitere Projekte, die in dieser Tradition stehen, darunter die Allianz Arena). Auch Dan Graham, dessen Pavillons (die er seit dem Jahr 1978 entwirft) zahlreiche Projekte des Büros beeinflusst haben, bezog sich auf das Rokokodekor, mit dem François de Cuvilliés den Salon der Amalienburg, ein im Jahr 1743 gebautes kleines Jagdschlösschen im Park des Schlosses Nymphenburg, geschmückt hatte.

De Young Museum, Golden Gate Park, San Francisco (Wettbewerb 1999, Projekt 2000–2002, Realisierung 2002–2005)

7. TERRITORIALE INTIMITÄT UND MOBILITÄTSMASSSTAB

Das Laban Centre ist eine Architektur, die auf territoriale Intimität setzt. Mit S. 28
seiner äußeren Erscheinung, die an einen dekorierten Schuppen erinnert
(doch ohne die für die Poparchitektur charakteristischen Effekte), und mit der
«technischen» Qualität der Materialien fügt sich das Gebäude in seine Umgebung ein: ein ebenes Stadtrandgebiet mit Kanälen und keinen anderen
Erhebungen als verstreuten Industriebauten und einer Eisenbahnbrücke. Die
hellen Fensterbänder von sanfter oder intensiver Farbigkeit (limettengrün,
magenta oder türkis) lassen die Außenhaut aus Polycarbonat flimmern, ein
Vibrieren, das zugleich nah und fern scheint. Im Inneren verankert das neobrutalistische Detail der Betontreppen einen vertikalen Zirkulationsraum am
Boden, während der allgemeine Raum eine fließende Kombination schiefer
Ebenen ist, gestört durch Brüche vom Dach über die gesamte Höhe des
Gebäudes. Diese mehrdeutigen, kontrastierenden Elemente gehen eine Verbindung mit den Charakteristika des Standortes ein. Wenn es eine Idealisierung des Existenten gibt, so wirkt sie durch eine Konzentration diffuser
Charakteristika der Umgebung. Diese Konzentration jedoch wirkt durch
Introversion und Ausstrahlen des Gebäudes. Das Centre deutet dieses beinahe brachliegende Gebietsstück um, indem es dessen Autonomie bestätigt.

Frühere Projekte zeugen von dieser Suche nach einer territorialen Definition
des Gebäudes. Es geht darum, den psychologischen Gehalt der Geografie zu
verstärken: durch eine Stimulation der Wahrnehmungserfahrung, mit der
Benutzer, Bewohner, Betrachter oder Besucher konfrontiert werden. Museen
sind natürlich wie geschaffen für solche Versuche. Die Gemeinsamkeiten zwischen dem Schaulager und dem de Young Museum (1999–2005) resultieren S. 4, 6-7
weniger aus den Variationen einer Syntax als vielmehr aus der in beiden
Fällen beabsichtigten Verknüpfung von Fernwirkung und dem Experiment
einer programmatischen Komplexität. Der Turm des de Young Museum hebt
sich gegen die Bäume des angrenzenden Golden Gate Parks ab. Der Zugang
für Fußgänger durch den Park bereitet ideal auf den Besuch des Museums
vor: Hier lässt sich die architektonische Landschaft im Sinne Olmsteds (der
den Central Park in Manhattan wesentlich geplant hat) erfahren. Jacques
Herzog erklärte:

*Die durch den Turm erzielte Monumentalisierung des Gebäudes erschien uns
sehr wichtig, um die soziokulturelle und urbanistische Rolle der Institution am
Übergang der Stadt zum Golden Gate Park zu betonen. In einer sehr langen
und sehr lebendigen Debatte hat Pierre den Turm energisch verteidigt. Wir sagten der Bauherrschaft, dass der Turm des früheren Gebäudes das Museum
zu einem Symbol der Stadt werden ließ. Für uns aber war die Sache sehr viel*

einfacher: Das Gebäude wäre nicht sichtbar gewesen, hätte nicht ein Element aus den Bäumen herausgeragt. Das Museum wäre eine rein innere Architektur gewesen. Der Turm ist nicht nur von außen ein interessantes Element, er erlaubt den Blick vom Museum auf die Stadt, wie aus einem großen Fenster. Man sieht die Stadt auf neue und unerwartete Weise.

S. 22, 218-219   In einem Basler Industrievorort, inmitten verstreuter Lagerhäuser, hebt sich das Schaulager sofort ab, auch wenn es nicht die spektakuläre Hightech-Anmutung aufweist, die so oft die in mehr oder weniger dichten Gewerbegebieten liegenden kulturellen Einrichtungen prägt. Konzipiert als aktives Lager einer Sammlung zeitgenössischer Kunst, ist das Schaulager weder Museum noch traditionelles Kunstzentrum, sondern ein neuer Typ von Einrichtung, der den umgebenden Lagerhäusern ähnelt: Schon der Name der Institution betont die Idee eines Depots, eines Lagers.

Herzog & de Meuron hat bereits zuvor an Lagerhäusern und Museen (oder Ausstellungsorten) gearbeitet. Mithilfe dieses neuen Programms konnte das Büro nun zwei Typologien kombinieren. In seinem Gesamtanblick scheint das Gebäude buchstäblich aus dem Boden hervorzukommen, wie eine «vertikale Landschaft», lieferte doch der Aushub der Baustelle das Material für die Konstruktion mit Beton. Die verwendeten Materialien ähneln denen des Weinguts Dominus. An der Fassade wirkt der monumentale, auf die Straße ausgerichtete Eingang seinerseits wie in einen Block gegraben. Ein kleines Haus als Vorhof, das gleichzeitig ein Dreh- und Angelpunkt für das Gebäude und eine frei stehende Schwelle für den Besucher ist, ist dem monumentalen Eingang vorgelagert, der sich zum inneren, sich über die ganze Höhe entfaltenden Atrium öffnet. Eine neue Umkehrung der Perspektive entsteht, leitet sich logisch vom Programm ab: Die Ausstellungsräume nehmen das Erd- und das Untergeschoss ein, während die Lagerräume, die dieses Gebäudes eigentlich ausmachen, in den höheren Ebenen untergebracht sind. Dieser Bruch mit musealen Gewohnheiten schafft einen nie dagewesenen Effekt und steht in diametralem Gegensatz zu der sich nach oben windenden Rampe des Guggenheim-Museums in New York: Die oberen Ebenen des großen Innenvolumens bieten dem Besucher keine Galerieräume, die sich zu einem zentralen Raum mehr oder weniger öffnen, sondern eine gleichmäßige und schwindelerregende Schichtung von Gängen, die für den Blick undurchdringbar sind – monoton mit blendend hellen Neonröhren beleuchtet.

In der laizistischen und funktionalen Konzeption hat das Monument nun durch die Loslösung vom Modell des Gedenkens das Sakrale abgelegt. Im Wesentlichen ist es ein groß dimensioniertes Gebäude – und urbaner oder territorialer Orientierungspunkt –, das sich eventuell durch eine «Erhabenheit» auszeichnet, die es von der profanen Architektur (und den umgebenden Gebäuden, sofern es nicht in einem stadtnahen Außenraum steht) unterscheidet. Diese Erhabenheit ist dann eher ästhetisch als spirituell. Die gotische

Kathedrale wurde im Herzen der mittelalterlichen Stadt so nah wie möglich an den Wohnstätten errichtet, von denen sie sich abhob wie das Symbol des zu Fleisch gewordenen Gottes. Sie signalisierte auch die in der Landschaft auftauchende Stadt. Die großen Anlagen der heutigen Stadt, die für motorisierte Menschenmassen konzipiert sind, benötigen weitflächige Entwicklungsräume. Der «Mobilitätsmaßstab», der der Wahrnehmung des Gebäudes von einem schnellen Verkehrsweg aus entspricht, hat den Maßstab des im Stadtzentrum errichteten Monuments ersetzt.

Die Münchener Allianz Arena ist in dieser Hinsicht exemplarisch. Als neues, von der Autobahn aus zu sehendes Wahrzeichen der Stadt ist sie vor allem ein fortschrittliches städtebauliches Zeichen. Sie ragt nicht in den Himmel empor, scheint dort eher zu schweben, wie eine Blase; in der Nacht erhellt sie den Himmel, projiziert ihre eigenen Farben auf ihn; im Inneren grenzt sie ihn ab und transformiert ihn in eine gewaltige Kuppel. Dieses Stadion ist kein hochtrabender Apparat, in dem Sportfeste zelebriert werden. Die spektakuläre Dimension geht in einer inneren Form auf, die einen zum Himmel geöffneten Krater suggeriert. In Übereinstimmung mit der äußeren Kurve ist die Außenhaut eine durchgehende, wogende Schicht, bestehend aus ETFE-Luftkissen. Die Gesamtform verschafft dem Äußeren eine Wirkung von schwebender Leichtigkeit und ermöglicht den Zuschauern im Inneren die größtmögliche Nähe zum Spielfeld. Überdies schrieb das Programm eine flexible Organisation des Gebäudes vor. Um eine optimale Rentabilität des Stadions zu gewährleisten, muss es zum Beispiel ebenso für ein kleineres Publikum nutzbar sein; zudem muss es Räume bieten, die auch außerhalb sportlicher Begegnungen genutzt werden können. Das konvexe Dach des Parkhauses (mit über zehntausend Plätzen) verstärkt die Wirkung des Gebäudes und entfaltet seine «Kurve» in der Horizontalen.

8. ORNAMENT(E)

Im Jahr 2005 tauchten im Laufe zahlreicher Gespräche mit Jacques Herzog immer wieder zwei Begriffe auf: das Ornament und das Sakrale. Ich erinnerte an Henri Matisse und Adolf Loos. Wir hatten zuvor über das Beispiel des Gemäldes, des Bildes gesprochen, außerdem über das Œuvre des Malers Rémy Zaugg und seine Zusammenarbeit mit dem Büro Herzog & de Meuron. Hier ein Schlüsselmoment unseres Austauschs:

JFC: *Das Ornament ist expansiv, es überschreitet die Grenzen. Wie Gras breitet es sich aus, möchte nicht begrenzt werden. Es überwuchert alles. Das Ornament ist barbarisch. Die großen, das Ornamentale liebenden Kulturen sind die barbarischen Kulturen und der Islam.*
JH: *Die islamische Architektur verwendet das Ornament, um eine nackte Oberfläche zu verdecken. Für die Muslime offenbart sich das Göttliche in der nackten*

Oberfläche, und soll deshalb schamhaft mit Ornamenten verkleidet werden. In der katholischen und orthodoxen Kultur aber sind gemalte und ornamentierte Oberflächen – oft Bilder mit ikonischer Bedeutung – immer Träger geistiger und religiöser Botschaften. Ich bin in eine protestantische Kultur hinein geboren, habe aber immer die Verwendung von Bild und Dekoration in der russischen und griechischen Orthodoxie bewundert. Später, als Architekten, entdeckten wir das Potenzial des Ornaments als Mittel zur Zerstörung der «gültigen» Form. Wir begannen ornamentierte Flächen zu entwickeln, als es uns schwer fiel, bei einem Projekt zu sagen: «Das ist genau die Form, die ich möchte, ohne jeden Zweifel.» Das Ornament hat uns oft geholfen, dieses Problem der Form zu überwinden. Als wir die arabische Architektur entdeckt haben, verstanden wir sehr schnell, dass das Ornament ein Mittel war, die Form zu unterdrücken. Das Ornament spielt mit dem Zweifel.

Die Verbindung zwischen der Verwendung des Ornaments und dem Sinn für das Sakrale war hergestellt. Man denke an die polemische Position von Adolf Loos, der die puritanische Konzeption der antiornamentalen Kargheit übersteigert zusammenfasst. Der Verfasser des Aufsatzes «Ornament und Verbrechen» (1908) stellt einer am Sakralen ausgerichteten Kunst die bürgerliche Ornamentik des alltäglichen Lebens gegenüber. Er verurteilt jedoch nicht das Ornament an sich, sondern ein eklektisches, profanes, bürgerliches, «gemütliches» Ornament ... Seine Äußerungen sind dandyhaft, aristokratisch, antibürgerlich, ohne revolutionär zu sein. Er will das Ornament wieder in eine Beziehung zu Natur und Sakralem setzen. Im Sinne von Adolf Loos gibt es im Verhältnis von Ornament und Dekoration (in der bürgerlichen Bedeutung des Begriffs) einen Riss: ähnlich dem Riss, durch den das Sakrale in die profane Welt eindringt.

Jacques Herzog lehnt diese doppelte Trennung ab. Er verachtet die Dekoration nicht und weigert sich, die Erhabenheit des Sakralen der profanen Gewöhnlichkeit gegenüberzustellen. Das Ornament, so sagt er, kann in die Struktur einbezogen werden und zu einer Erzeugung architektonischen Raums beitragen. Die Integration des Ornaments in die Struktur verweist auf die lebendige Oberfläche, die analog zur Haut konzipiert ist.

S. 202-203 *Unsere ersten Aufträge erlaubten uns noch nicht, das Programm in Frage zu stellen und Teil des architektonischen Entwurfs werden zu lassen, genauso wenig wie die Struktur, den Innenraum und «das Ornament». Immer haben wir versucht, auf die eine oder andere Weise einen Bezug zwischen Raum und Außenhaut herzustellen. Zu Beginn beschäftigten wir uns weniger mit der Struktur. Beim Lagerhaus für Ricola besteht eine strukturelle Analogie zwischen der sichtbaren Schichtung des Felsens und jener der Gebäudefassade. Einige Gebäude wie der Prada-Shop in Tokio, das Stadion in Peking oder das Flamenco-Zentrum in Jerez verwirklichen die Idee, dass die Haut eine Einheit bildet und dass sie Tiefe besitzt. Wir haben diese Einheit immer angestrebt, aber erst im*

Verlauf der Jahre eröffneten sich uns Möglichkeiten, verschiedene Komponenten des Projektes zu integrieren. Fehlt diese Einheit, würden Architekturen entstehen, auf denen bloß eine Dekoration angebracht wird, wie Tapete.

Die Verwendung des Ornaments kann so eine Möglichkeit sein, das «Problem der Form» zu überwinden. Letzten Endes war und bleibt für Herzog & de Meuron, was allgemein als ein Luxus, als ein zusätzlicher Effekt der Gebäudehülle zur tragenden Struktur angesehen wird, Ausdruck einer neuen plastischen und dynamischen Konzeption der Architektur. Ihnen wurde manchmal vorgehalten, die Oberfläche, das Bild zu bevorzugen. Die Geschichte des Büros aber zeigt, dass der Umgang mit dem Ornament Teil einer vielfältigen plastischen Gestaltung ist und nicht etwa des Strebens nach dekorativer Üppigkeit. Die ornamentierte Fassade erzeugt ein Bild. Das Bild, das ostentativ nach außen gedreht ist, kann eine Täuschung sein, die sich aber, so präzisiert Jacques Herzog, in das komplexe, das architektonische Gebilde definierende Bezugsspiel einfügen kann:

Werden Ornament und Struktur eins, so schafft dies seltsamerweise ein neues Gefühl von Freiheit. Plötzlich gibt es nichts mehr, was erklärt werden müsste, keine Dekoration, deren Schaffung entschuldigt werden müsste: Sie ist eine Struktur, ein Raum. In Wirklichkeit gilt mein besonderes Interesse weder der Struktur noch dem Ornament noch dem Raum jeweils für sich betrachtet. Interessant wird es, wenn man all diese Elemente in einem zusammenfasst, damit experimentiert, es am Gebäude anwendet. Wir versuchen, auf einfache und beinah archaische Fragen und Antithesen zu antworten: hoch–tief, offen–geschlossen, nah–fern, dunkel–hell. Letztlich ziehen wir es vor, nicht von Ornament, Struktur oder Raum zu sprechen. Dies sind technische Begriffe, die wir zwar gelernt haben, denen wir aber keine Bedeutung beimessen. Ordnet man sie einem Ensemble unter, spielen sie keine große Rolle mehr.

9. DIE NATUR ALS VORBILD FÜR KOMPLEXITÄT

Mit dem Umbauprojekt der Tate Modern hat sich das Schaffensspektrum von Herzog & de Meuron beträchtlich erweitert. Der Wirkungsbereich und die Leistungen des Büros konzentrieren sich logischerweise auf die monumentalen und urbanen Komponenten der Architektur, stehen dabei aber immer in der Kontinuität früherer Studien. Diese Kontinuität gründet auf einer permanenten Bezugnahme auf die Natur als Vorbild, etwas, was in der zeitgenössischen Architektur sicher nicht zum Kanon gehört. Herzog und de Meuron misstrauen einem pastoralen Konservatismus, haben aber nicht das Vorbild Joseph Beuys vergessen, mit dem sie zu Beginn ihrer Karriere, im Jahr 1978, bei der Installation *Feuerstätte II* zusammengearbeitet haben. Sie berücksichtigen den ökologischen Faktor, insbesondere in ihrer Reflexion zum

S. 252

S. 82–85

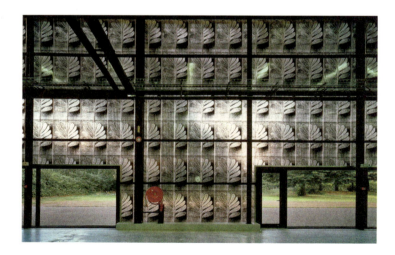

Ricola Europe, Lager- und Produktionsgebäude, Mülhausen-Brunstatt (Projekt 1992, Realisierung 1993)

DIE NATUR ALS VORBILD FÜR KOMPLEXITÄT

Phänomen der Metropolisierung, das sie über einen langen Zeitraum am Beispiel von Basel untersucht haben.

S. 124-125, 214-217

Ihr Interesse für die Ökologie lässt sich weder auf einen bewussten Umgang mit Baumaterial noch auf ein Bedachtsein auf den umgebenden Kontext reduzieren. Es drückt sich auch und in besonderem Maße aus in der Berücksichtigung einer multisensoriellen Wahrnehmung, die der überhandnehmenden Substanzlosigkeit von Design und werbeähnlichen Bildeffekten gegenübersteht. Mit Nachdruck weist Jacques Herzog darauf hin, dass diese multisensorielle Wahrnehmung auch den Geruchssinn einschließt, den Sinn des Diffusen und Subtilen, aber auch des Penetranten, des Unkontrollierbaren und der Reminiszenzen (die sich unterscheiden von einem bewussten Erinnern und Erinnerungen).

Die beiden für das Unternehmen Ricola zu Beginn der 1990er-Jahre gebauten Lagerhäuser veranschaulichen, dass die monumentale Qualität eine Art «zweite Natur» bilden kann, wenn die Strenge der industriellen Architektur eine Physiognomie und eine Dimension erreicht, die natürlichen Formen ähnlich ist. Diese beiden Gebäude haben das Prinzip ornamentaler Integration von Natur und (funktionaler) technischer Rationalität aktualisiert. Die verglasten Außenwände des Lager- und Produktionsgebäudes in Mülhausen sind mit einem Motiv des Fotografen Karl Blossfeldt bedruckt – eine exemplarische Darstellung der seit Ende des 19. Jahrhunderts geführten Diskussionen zu einer Überlagerung von natürlicher Entstehung und ornamentaler Fantasie. Die Form des gewaltigen, verdickten Vordachs in Mülhausen findet sich interessanterweise am de Young Museum in San Francisco wieder. Darüber hinaus wurde die «Regenmalerei» für das Studio Rémy Zaugg, das sich ebenfalls in Mülhausen befindet, aufgegriffen. Das auf dem Dach gesammelte Regenwasser erhöht die thermische Trägheit des Gebäudes und hinterlässt, sobald es herabrinnt, gewollte Spuren auf den fensterlosen Betonwänden.

S. 202-203

Das Einfangen eines natürlichen Prozesses ist typisch für das Büro. Für Herzog & de Meuron ist das Territorium, sobald es angelegt, bewohnt und urbanisiert wurde, Ausdruck eines doppelten Prozesses: Die Landschaft wird zunehmend von der urbanen Kultur eingenommen, die Stadt aber verwandelt sich im Gegenzug in eine Landschaft. Hier liegt ein Schlüssel ihrer Architekturphilosophie, die sich auf die zu Beginn der 1990er-Jahre entwickelte Studie «Basel, eine Stadt im Werden?» stützt. Nachdem zunächst die konventionelle Form der Kiste (und des Kubus) längere Zeit im Zentrum der Forschungsarbeit stand und sich der Schwerpunkt anschließend zu einer überwiegend horizontalen Dimension der Architektur verlagerte, widmen sich Herzog und de Meuron seit Kurzem verstärkt monumentalen, vertikalen Formen (ohne die beiden ersten Schwerpunkte ganz aufzugeben). Ihr besonderes Interesse gilt Türmen und Gebäuden von besonderer Höhe. Die Erweiterung der Tate (auf die schon der Turm des de Young Museum einen

S. 124-125, 208-209, 216-217

Plaza de España, Santa Cruz de Tenerife, Kanarische Inseln (Wettbewerb 1998, Masterplan 1999–2001, Projekt 2002–2005, Realisierung 2006–2008)

DIE NATUR ALS VORBILD FÜR KOMPLEXITÄT

Vorgeschmack gab) oder, in noch spektakulärerer Weise, der Roche-Turm in Basel und das Triangle-Projekt in Paris zeugen von diesem Interesse. Diese Projekte, die sich auf einem urbanisierten Territorium ansiedeln, setzen das Imaginäre und eine geografische Vorstellungskraft voraus. Im August 2010 stellte Jacques Herzog ein Gebäude vor, das wie eine Landschaftsskulptur konzipiert ist und mit der ausdrucksstarken geologischen Erscheinung der Insel harmoniert:

Die Insel Teneriffa wirkt wie gestaltet; sie gibt eine Vorstellung der tellurischen Kräfte, die den Planeten geformt haben. Es ist ein ideales Terrain, eine Lektion über die Vielfalt des Skulpturalen oder dessen, wie Skulptur entstehen kann. Die Natur manifestiert sich hier in so einzigartigen Formen, dass es einiges Nachdenken kostete, um herauszufinden, wie wir hier auf dieser Insel etwas bauen könnten – wie und was wir auf dieser «Erde», auf diesem wie künstlich geschaffenen Boden stellen sollten. Das vulkanische Auftauchen der Insel ist eine skulpturale Geste von unglaublicher Gewalt. Das empfand ich als eher völlig anders als die Landschaft in der Schweiz. Die Schweiz wirkt unwandelbar, weder Landschaft noch Gesetze noch die Gestalt der Natur scheinen sich je zu verändern. In unseren Nachbarländern, d.h. in Frankreich und Deutschland ist es anders, hier wirken andere, gewaltigere Kräfte, nicht geologische aber politische Kräfte, welche das Territorium des Landes gestalten. Wie Beuys glaube ich, dass die Vorgänge der Natur ein Äquivalent in der Gesellschaft haben. Die Weite des Meeres und die Wirkkraft von vulkanischer Eruption eröffneten mir eine neue Welt. Als junger Architekt hängt man an gewissen Materialien, an gewissen Formen, an Vorlieben. Zu entdecken, dass die Formen wie von selbst, aufgrund eines Plans der Natur – eines Naturgesetzes – entstehen können, ist eine wichtige Erfahrung. Anstelle der Naturkräfte, aber analog dazu, setzen wir eine konzeptuelle Strategie für jedes Projekt, aus welcher die architektonische Form quasi von selbst herauswächst. So entstehen eine Freiheit und eine Offenheit, die es uns erlauben, in viele Richtungen zu denken.

---

[1] Das Kunstmuseum Basel erwarb das Werk *Untitled, Six Steel Boxes* (1969) von Donald Judd im Jahr 1975; kaltgewalzter Stahl, sechs aufgereihte Elemente von 100 × 100 × 100 cm mit jeweils einem Zwischenraum von 25 cm.

[2] Rémy Zaugg, *Die List der Unschuld. Das Wahrnehmen einer Skulptur* (1982), Kunstmuseum Basel 2004, S. 150.

[3] Paul Schilder, *The Image and Appearance of the Human Body*, K. Paul, Trench, Trubner & co., London 1935. [Erweiterte englischsprachige Ausgabe von: Paul Schilder, *Körperschema. Ein Beitrag zur Lehre des Bewusstseins des eigenen Körpers*, Springer, Berlin 1923.]

[4] Claude Bernard, *Introduction à l'étude de la médecine expérimentale*, Garnier-Flammarion, Paris 1966, S. 158.

[5] Ebd.

[6] Gerhard Mack, *Herzog & de Meuron 1989–1991. Das Gesamtwerk, Band 2*, Birkhäuser, Basel 1996, S. 73.

Der Aufbau einer urbanen Biografie

Blick auf Kleinbasel vom im Bau befindlichen Roche-Turm (Bau 1), Juni 2014: im Vordergrund der Schornstein von Bau 97, Forschungsgebäude, Roche-Areal; links der Landhof und die Messegebäude; im Hintergrund der Novartis Campus; rechts die Kunstgewerbeschule, die Gleise des Badischen

Bahnhofs, der Verkehrsknotenpunkt Ost-West/Nord-Süd; im Hintergrund die Hafenanlagen entlang des Rheins [GD]

Jacques Herzog und Pierre de Meuron wurden beide in Basel geboren, in einem Quartier auf der rechten Rheinseite, das Kleinbasel genannt wird. Diese Namensgebung geht mindestens bis in das 13. Jahrhundert zurück. Damals bezeichnete sie einen Ballungsraum, der dem historischen Stadtkern gegenüberlag. Im Jahr 1225 entstand eine Brücke. Pierre de Meuron erzählt: «Zu Beginn des 13. Jahrhunderts war der Bau der Mittleren Brücke entscheidend für die Entwicklung der Stadt. Damals gab es nur zwei oder drei Brücken über den Rhein. Die Nord-Süd-Verbindung folgte dem Rhein, führte durch Basel, verlief über Luzern nach Flüelen [dem Hafen am Ende des Vierwaldstättersees]. Sie setzte sich fort über die grandiose Teufelsbrücke, die einige Jahre später auf der Straße zum Sankt Gotthard – die Römer kannten diesen Pass nicht – errichtet wurde. Diese beiden Brücken, jene in Basel über den Rhein und jene, die einen Weg zur Überquerung der Alpen eröffnete, ermöglichten im Laufe des 14. Jahrhunderts die Entfaltung eines Warenaustausches zwischen dem Norden und dem Süden Europas; Basel entwickelte sich damals zu einem bedeutenden Handels- und Kreditzentrum. Auch die Gründung der Schweizer Konföderation im ausgehenden 13. Jahrhundert (1291) ist diesen beiden Brücken zu verdanken. Im Jahr 1392 erwarb die Gemeinde Basel vom Bischof von Straßburg das Gebiet Kleinbasel und verleibte es sich ein. Heute ist das Quartier im Süden und Westen vom Rhein begrenzt, auf der anderen Seite durch eine doppelte

Barriere, die beiden Nord-Süd-Trassen: die Autobahn, die Hamburg und Italien verbindet (und glücklicherweise an dieser Stelle unterirdisch verläuft), und die Schienenwege. Jenseits dieser Bahngleise wurden in den 1920er-Jahren die modernen Quartiere gebaut.»

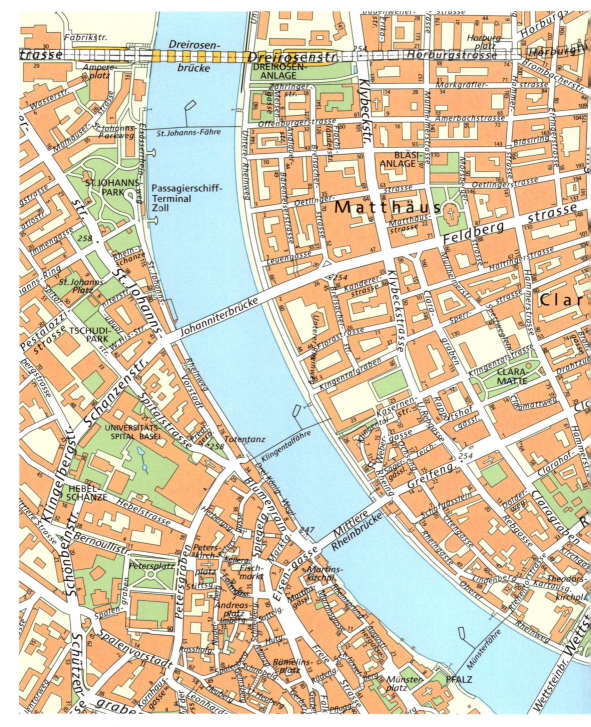

Stadtplan von Kleinbasel

1. Elternhaus von Pierre de Meuron
2. Wohnanlage, in der Jacques Herzog aufgewachsen ist
3. Landhof-Stadion
4. Parkhaus Messe Basel (Suter + Suter, 1974) / ehemaliger Standort der Rosental-Grundschule (verlegt im Jahr 1966)
5. Kunstgewerbeschule (Hermann Baur, 1961)
6. Messe Basel, Halle 2 (Hans Hofmann, 1954)
7. Messe Basel, Neubau (Herzog & de Meuron, 2013)

 8. Messeturm (Morger & Degelo, 2003)
 9. Badischer Bahnhof (Karl Moser, 1913)
10. Roche Bau 92 (Herzog & de Meuron und Rémy Zaugg, 2000)
11. Roche Bau 95 (Herzog & de Meuron, 2006)
12. Roche Bau 97 (Herzog & de Meuron, 2011)
13. Roche Bau 1 (Herzog & de Meuron, 2015)
14. Gartensiedlung Im Vogelsang (Hans Bernoulli, 1926)
15. Siedlung Schorenmatten (Hans Schmidt, 1927–1929)

Dehnt man Basel über seine Ränder bis zu den nächst gelegenen Bergzügen aus, wird sein trinationaler Metropolitanraum von fünf «Belchen» definiert: dem «Elsässer Belchen» (Ballon d'Alsace), dem «Großen Belchen» (Grand Ballon) und dem «Kleinen Belchen» (Petit Ballon) im Nordwesten in den Vogesen, dem «Badischen Belchen» im Nordosten im Schwarzwald und dem «Schweizer Belchen» am südlichen Rande des Schweizer Faltenjuras. Die als «Belchensystem» bekannte Theorie wurde in den 1980er-Jahren von verschiedenen Forschern, insbesondere Rolf D'Aujourd`hui entwickelt, der von 1982 bis 1998 als Basler Kantonsarchäologe tätig war. Sie gründet auf geografischen, astronomischen und geometrischen Beobachtungen, aber auch auf etymologischen: Das deutsche Wort «Belchen» stammt ebenso wie das französische «Ballon» von der keltischen Wurzel bhel ab, was «hell», «leuchtend», «glühend» und «strahlend» bedeutet und sicher die Namensgebung des Sonnengottes Belenus mitbestimmt hat. Die Sichtachsen zwischen den drei Belchen (BA, BB, SB) bilden ein rechtwinkliges Dreieck, das sich als astronomisches Referenzsystem interpretieren lässt, das sich seinerseits auf die Jahreszyklen von Sonne und Mond rückbezieht und von den Kelten bestimmt wurde. Damals wie heute befindet sich in dessen Mittelpunkt der Kern einer bedeutenden Siedlung bzw. eines trinationalen Metropolitanraums. Dementsprechend geht zu den Tagundnachtgleichen jeweils die Sonne auf bzw. unter über dem Badischen Belchen (BB) bzw. über dem Ballon d'Alsace (BA). Die Orientierung an den Dimensionen von Raum und Zeit bilden in allen Kulturen eine der elementaren Grundlagen des menschlichen Daseins.

(P.d.M., Februar 2011)

Blick auf den Chrischona-Hügel von Kleinbasel aus (vom im Bau befindlichen Roche-Turm, Bau 1), Juni 2014 [GD]

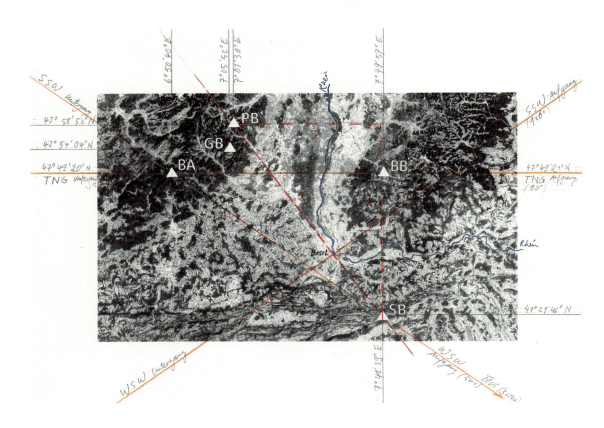

BA	Ballon d'Alsace / *Elsässer Belchen*	**SSW**	*Sommersonnenwende*
GB	Grand Ballon / *Großer Belchen*	**WSW**	*Wintersonnenwende*
PB	Petit Ballon / *Kleiner Belchen*	**TNG**	*Tagundnachtgleiche*
BB	Ballon Badois / *Badischer Belchen*		
SB	Ballon Suisse / *Schweizer Belchen*		

Der Verlauf der keltischen Straße, die das Oppidum (rote Zone «O» gegenüber) auf dem Münsterhügel durchquerte, ist nahezu rechtwinklig zur Sonnenachse der Sommersonnenwende (SSW). Das Münster und die auf beiden Seiten des Münsterhügels liegenden Kapellen St. Johann und St. Ulrich sind nach dieser Achse ausgerichtet. Dieselbe Ausrichtung bestimmt das Straßennetz von Augusta Raurica, der ältesten römischen Stadt des Oberrheins, die 10 km östlich von Basel liegt. Die antike Straße, die das Oppidum durchquert, setzt sich in der gallischen Stadt (rote Zone «K» gegenüber) fort; sie bildete das Rückgrat des Quartiers St. Johann in der Unterstadt und ist die Hauptstraße ins Elsass. Ihr Verlauf entspricht der Achse, die den Schweizer Belchen (SB) und den Kleinen Belchen (PB) verbindet (siehe auch den Plan S. 71).

Schematische Skizzen von Pierre de Meuron, Oktober 2015. OBEN: Darstellung des Belchensystems, Plan der Region Basel; RECHTE SEITE: Übertragung des Belchensystems auf den Stadtplan Basels

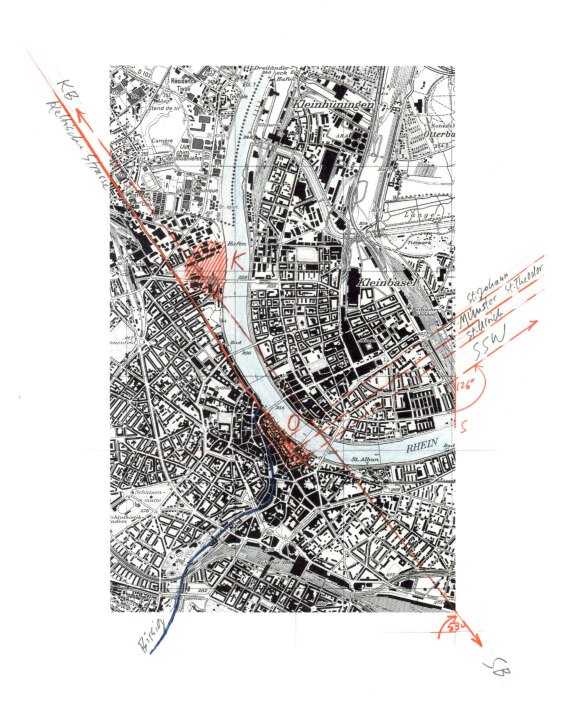

In unmittelbarer Nähe wird die Stadt Basel von drei Hügeln umgeben, auf denen sich je eine Kapelle erhebt: St. Ottilien im Norden, auf dem Tüllinger Hügel, St. Chrischona im Osten, an der Grenze zu Deutschland, und St. Margarethen im Süden, auf dem linken Rheinufer. Drei Hügel, drei heilige Schwestern, drei Höhenkapellen. Werden die drei visuell miteinander verbunden, lassen sich analog zum «Belchensystem» verschiedene Orte von Stadt und Landschaft in topografische und kulturelle Beziehung setzen. Bis weit ins 19. Jahrhundert hinein waren die bewohnten Zonen zwar sehr klein, schrieben sich aber in ein sehr viel weiträumigeres Gebiet ein, wobei die natürlichen, charakteristischen Gegebenheiten eines Ortes das Imaginäre weit mehr prägten als heute. Heute sind die drei Hügel beliebte Ausflugsorte, man kommt hierher zum Spazierengehen oder Schlittenfahren.
(P.d.M., Februar 2011)

OBEN: Blick auf den Tüllinger Hügel (im Hintergrund links) und den Chrischona-Hügel (im Hintergrund rechts) vom Turm des Basler Münsters aus, Mai 2015 [GD]
UNTEN: Die St. Margarethenkirche auf dem Binninger Hügel, Kanton Basel-Landschaft, Juli 2014 [GD]

Blick auf den Tüllinger Hügel (im Hintergrund links) und den Chrischona-Hügel (im Hintergrund rechts) von der St. Margarethenkirche aus, März 2015 [GD]

Der Kanton Basel-Landschaft ist aus meiner Sicht einer der landschaftlich schönsten Kantone der Schweiz und wird diesbezüglich häufig unterschätzt. Die beiden Fotografien zeigen zwei Gebiete von sehr unterschiedlicher Geomorphologie, den Tafeljura und das Aufeinandertreffen von Tafel- und Faltenjura [siehe dazu die Skizze auf der nächsten Doppelseite]. Eindrücklich dokumentieren sie die Auswirkungen geologischer Kräfte und hydrologischer Tätigkeiten auf die jurassischen Landschaftsformen. Das ist aus formaler Sicht ganz fantastisch. Darin lassen sich zwei Siedlungstypen (das Bergdorf und das Taldorf) sowie die Beziehung zwischen dem Freiland auf den flacheren Plateaus und dem Wald an den Steilhängen erkennen. Dieser Maßstab lässt einen die Landschaft erfassen, die die Stadt einbettet, und ermöglicht deren neue Einschreibung in das Territorium.

Mit Studio Basel haben wir versucht, die Stadt zu begreifen, zu definieren und zu entwickeln, und zwar nicht mehr nach einem traditionellen Ansatz, also aus ihr selbst heraus, vom Gebauten aus – vom Zentrum nach außen –, sondern vom Nichtgebauten aus. Es ging darum, Basel und die Täler der Birs, Ergolz und Wiese vom Land, von der Landschaft her zu verstehen, allein der Name des Kantons Basel-Landschaft steht dafür. Wir haben diese Methode für den Metropolraum Basel ausgearbeitet, wo sie sich als sehr wirksam und überzeugend erwiesen hat. In den kommenden Jahren werden wir sie mit noch größerer Konsequenz anwenden. Die Schweiz bietet sich im Allgemeinen als Studienfeld für diesen Ansatz sehr gut an, weil sie die Größe eines Handtuches besitzt: Alles lässt sich unter dem Mikroskop betrachten und mit dem Fernrohr anvisieren.
(P.d.M., April 2015)

Impressionen aus dem Kanton Basel-Landschaft, Oktober 2013 [PDM]

Skizze von Pierre de Meuron vom 26. Oktober 2013.
Unten links: «Tafeljura: 40–23 Mio J. / Faltenjura: ~ 5 Mio J. (!) / ‹Horste› (H) / ‹Gräben› (G)»

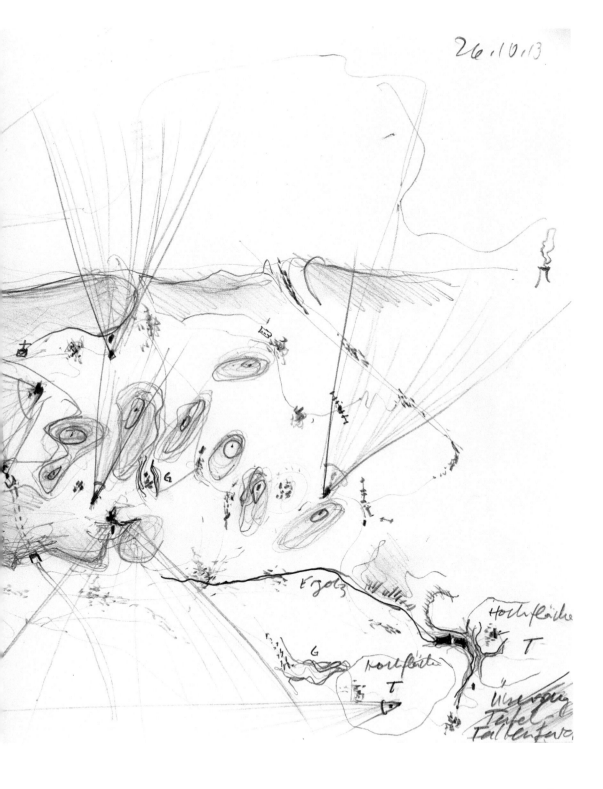

Der Saal des Großen Konzils, der an das Münster angrenzt, Juni 2014 [GD]

Über der Niklauskapelle, die am Klosterhof des Basler Münsters angrenzt, befindet sich der Saal des Großen Konzils [das 17. Ökumenische Konzil der katholischen Kirche, 1431–1449], der allerdings für die Öffentlichkeit geschlossen ist. Da ich den ehemaligen Münsterpfarrer kenne, bekomme ich von Zeit zu Zeit den Schlüssel und die Gelegenheit, einen meiner Lieblingsorte in Basel zu erleben. Im Saal scheint die Zeit stillzustehen. Teil dieses nachwirkenden Erlebnisses sind die ringsum laufenden, einfachen Holzbänke, auf denen die versammelten Kirchenväter in der ersten Hälfte des 15. Jahrhunderts Platz genommen haben. Dies war vor der Reformation, ein Jahrhundert vor Luther. Doch waren die reformatorischen Strömungen damals schon stark ausgeprägt: Das Konzil sollte verschiedene Fragen regeln: Die Bekämpfung der reformatorischen und revolutionären Hussitenbewegung, die Bereitschaft zur Glaubenseinigung zwischen Rom und Byzanz, das der ständigen Bedrohung durch die Osmanen ausgesetzt war. Vor allem aber erhob das Konzil den Anspruch, durch «Gottes Gnaden» die ganze christliche Kirche zu repräsentieren, was zur Wahl eines Gegenpapstes führte, der sich zehn Jahre lang gegen die Macht Roms halten konnte. Als Konzilstadt – heute würde man sagen: als Kongressstadt – rückte Basel ins Zentrum der christlichen Welt und erlebte in der Folgezeit einen nachhaltigen wirtschaftlichen und kulturellen Aufschwung. So blühten danach die Papierfabrikation und der Buchdruck auf, so zogen bedeutende Künstler wie Konrad Witz nach Basel, so wurde ein paar Jahre später, 1460, die erste Universität auf Schweizer Boden gegründet. Sicher ist die historische Bedeutung des Konzilsaals groß, doch ist er vor allem ein Ort unglaublicher Kraft, ein direkter, unmittelbarer Zugang zu einer über fünf Jahrhunderte unveränderten Architektur.

(P.d.M., Februar 2011)

Im Rahmen ihres Studiums bei Aldo Rossi in Zürich lernten Jacques Herzog und Pierre de Meuron, in ihren Architekturprojekten neben Geografie und urbanem Gedächtnis auch Psychologie und Morphologie zu artikulieren. Rossi interessierte sich für Stadtarchitektur, das heißt auch für die Stadt als Architektur. Er identifizierte «städtebauliche Sachverhalte», die als Kunstwerke gelten konnten. Um die reduzierenden Auswirkungen des Funktionalismus zu überwinden, suchte er nach Elementen der Permanenz und der Kontinuität. In seinem Buch *Die Architektur der Stadt* widerspricht er der Annahme, «städtebauliche Sachverhalte beruhten auf bestimmten Funktionen und ihre Struktur sei deshalb von ihrer Funktion in einem bestimmten Augenblick abhängig». Er legt dar, dass «eine Stadt auch bestehen [bleibt], wenn ihre Funktionen sich wandeln». In diesem Zusammenhang verweist er auf den Wert des Monumentes als dauerhaftes Extrakt der urbanen Form. Rossi differenziert zwischen dem «Überdauern einer Form der Vergangenheit, die uns eben diese Vergangenheit noch heute erfahrbar macht», und der «Permanenz vom krankhaften Charakter, die als etwas Isoliertes und Deplaciertes in Erscheinung tritt». Herzog und de Meuron haben es also gelernt, die historische Tiefe der in ein Territorium eingeschriebenen «städtebaulichen Sachverhalte» zu wahren. Rossi selbst bezieht sich auf den Begriff des «Kollektivgedächtnisses», den Maurice Halbwachs, Autor von *Les Cadres sociaux de la mémoire* (1925), ausgearbeitet hat. Für Rossi wird «das Gedächtnis zum Leitfaden durch die gesamte komplexe Stadtstruktur». Und er geht sogar noch weiter, wenn er über die Stadt sagt: «Das Kollektivgedächtnis ist ihr Bewußtsein.»

Rossi denkt die Stadt als «Artefakt» und als Kunstwerk und fokussiert sich daher insbesondere auf das Monument. Dabei berücksichtigt er aber die soziohistorische und politische Dimension urbaner Wandlungen. Er bezieht sich auf die Studie Halbwachs' über die Enteignungen in Paris in der zweiten Hälfte des 19. Jahrhunderts ebenso wie auf die Theorie des Basler Architekten Hans Bernoulli über die Parzellierung und das Eigentum am Boden (*Die Stadt und ihr Boden*, 1946, 1949).

Jacques Herzog und Pierre de Meuron haben dieses Verständnis der historischen Stadt auf Basel und den aktuellen Zustand des urbanen Phänomens im Allgemeinen übertragen. Für sie ist der Architekt und Stadtplaner eher Homöopath als Chirurg. Jacques Herzog sagte kürzlich über Basel: «Die Städte ähneln sich, vergleichbare Dinge werden verwirklicht. Wir aber glauben nicht an ‹die generische Stadt›. Jede Stadt hat ihre eigenen Vorzüge und ihre eigenen Defizite, die zusammen Stadtlandschaften entstehen lassen.»

[Literaturangabe: Aldo Rossi, *L'architettura della città*, 1966, 1970;
dt. Übersetzung: Aldo Rossi, *Die Architektur der Stadt*, Birkhäuser, Basel 2015, S. 40, 44, 117.]

OBEN: Der Hof des Kunstmuseums Basel vor 1948 (Architekten Paul Bonatz und Rudolf Christ, 1936), Postkarte
UNTEN: Blick auf das Erasmushaus vom Luftgässlein aus, September 2015 [PDM]

1. Münster – 2. Stadtmauer Ost (archäologische Überreste) – 3. Stadtmauer Süd und Wassergräben – 4. Antistitium (archäologische Überreste) – 5. Nr. 13 am Münsterberg – 6. Westmauer (sichtbare Überreste) – 7. Brunnen – 8. Horreum (Lagerhaus, Speicher) – 9. Keller, Augustinergasse 10. Keller, Staatsarchiv – 11. Nr. 2 der Augustinergasse – 12. Martinskirchplatz (archäologische Überreste) – 13. Brückenkopf – 14. Stadtmauer entlang des Kellergässlei (sichtbare Überreste) – 15. Straßennetz – 16. Keller entlang des Luftgässleins – 17. Keller, Aeschenquartier – 18. Munimentum (Befestigungsanlage)

Antike Straßen
A. und B. Kelten- und Römerzeit
C. Spätrömisches Reich (4. Jahrhundert)

**Im ersten Teil unserer Diplomarbeit führten wir 1974 eine vertiefte Studie zur historischen Stadtentwicklung Basels durch, von den ersten gallischen Gebäuden aus dem 1. Jahrhundert v. Chr. bis in die heutige Zeit. Wir studierten bei Aldo Rossi, setzten seine Theorie der Stadt praktisch um, nahmen sie wörtlich: Wir untersuchten die Form der Stadt und berücksichtigten dabei die aufeinanderfolgenden Schichten ihrer Entwicklung. Die Analyse führte zu einem stadtplanerischen Eingriff am Barfüsserplatz. Unsere Studie trug den Titel «Architektonische Elemente der Stadtentwicklung Basels» und erschien damals im Basler Stadtbuch, einer Zeitschrift zur Geschichte der Stadt. Wir verbrachten ganze Tage in den Archiven und haben die Historie der Parzelle so gut wie möglich und so weit wie möglich zurückverfolgt. Schließlich haben wir auf der Grundlage eines detaillierten Katasterplans aus der Mitte des 19. Jahrhunderts den Münsterhügel im 4. Jahrhundert (dem Ende der römischen Periode) und den Zustand der Parzellen zu Beginn des 12. Jahrhunderts zu rekonstruieren versucht. Auf jedem Plan sind in roter Farbe die Monumente und die wenigen Hausansammlungen und Strukturen abgebildet, die wissenschaftlich durch archäologische Ausgrabungen, bekannt waren. Wir bemühten uns zu ergründen, wie die historischen Schichten aufeinanderfolgten – das Palimpsest der Stadt und die Kontinuität gewisser Formen und gewisser Linien im Stadtplan. Zum Beispiel die Ausrichtung des Basler Münsters oder des diagonal verlaufenden, aus der Römerzeit (?) stammenden Luftgässleins, an dem sich das Erasmushaus befindet.
Die wesentliche Konstante aber ist die Parzelle und somit der Besitz; sie bestimmte über Jahrhunderte und bestimmt heute noch das «Gefüge» einer Stadt. Die Bedeutung der Parzelle war**

Basel zur Zeit des spätrömischen Reiches (4. Jahrhundert); Plan von Jacques Herzog und Pierre de Meuron, entstanden im Rahmen ihrer Diplomarbeit an der ETH Zürich, 1974

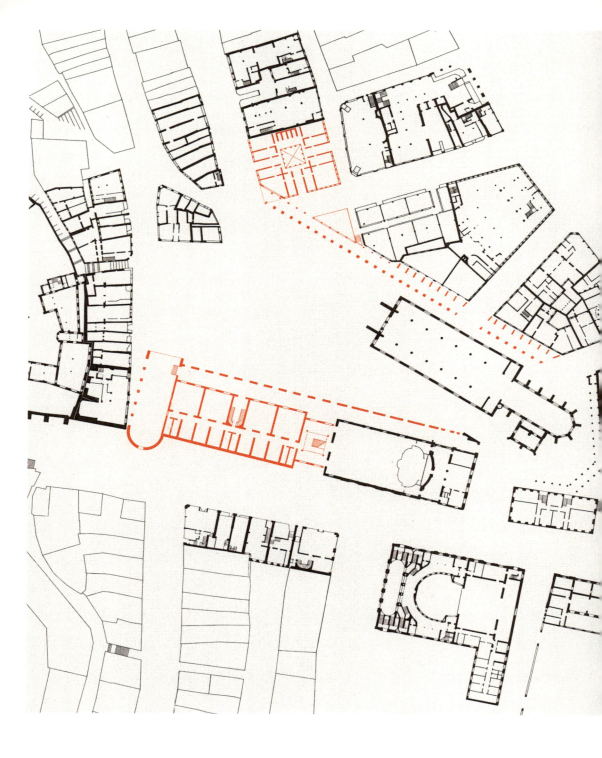

Jacques Herzog und Pierre de Meuron, Projekt zur Umgestaltung des Barfüsserplatzes, Diplomarbeit an der ETH Zürich, 1974

Inhalt der Lehre Aldo Rossis, der sich dabei immer wieder auf den Basler Architekten Hans Bernoulli bezog. Wir definierten Entwicklungsphasen, von denen jede einzelne in einem Plan dargestellt wurde, der dem Zustand der Parzellenstruktur zu einem genau identifizierbaren Zeitpunkt entsprach: 1356 (Basler Erdbeben), Mitte des 17. Jahrhunderts (Vogelschauplan von Matthäus Merian, 1654), 1862 (sogenannter Löffelplan), 1913 (vor dem Ersten Weltkrieg), 1974 (Jetztzeit). Der erste Übergang ist jener von der römischen zur frühmittelalterlichen Stadt. Letztere besteht wiederum erkennbarer in der heutigen Morphologie des Zentrums fort. Das Gebaute hat sich selbstverständlich stetig verändert. So bezeugen beispielsweise die Pläne von Grundmauern und Kellern, dass die Gebäude im 14. Jahrhundert nicht an der Straßenfront angesiedelt waren, sondern im hinteren Bereich der Parzellen und dass sie im Laufe der Zeit nacheinander den freien Raum eingenommen haben.

Im zweiten Teil unserer Diplomarbeit konzentrierten wir uns auf das Quartier des Barfüsserplatzes, das sich am Ufer des Birsigs, am Rande der römischen und später innerhalb der frühmittelalterlichen Stadt befand und einer der Zentren der historischen Talstadt bildet. Das 19. Jahrhundert machte das Quartier zum kulturellen Zentrum der Stadt: Stadtcasino (Festsaal und Konzertsaal), Kunsthalle und Stadttheater prägen als öffentliche Kulturbauten mit neuen Bauaufgaben und Bautypen den Wandel und Geist der Zeit. Im Anschluss an unsere stadthistorische Analyse kamen wir zum Schluss, dass die im Laufe des 20. Jahrhunderts erfolgten baulichen Veränderungen (insbesondere die sogenannte Innenstadtkorrektion der 1930er-Jahre) die Qualitäten der Gassen-, Straßen- und Platzräume stark beeinträchtigt haben. Unter dem Aspekt dieses damaligen Zustands bestand unser Vorschlag darin, den Barfüsserplatz mit zwei seitlich angeordneten Gebäuden (in Rot dargestellt) wieder zu schließen und ihn um die Kirche herum neu zu definieren. Die Idee, die Kirche wieder auf den Platz zurückzustellen, war uns schon vor vierzig Jahren sehr wichtig. Schließlich werden wir jetzt mit der Sanierung und Erweiterung des Stadtcasinos einen ersten konkreten Eingriff an diesem Ort vornehmen können.

(P.d.M., April 2015)

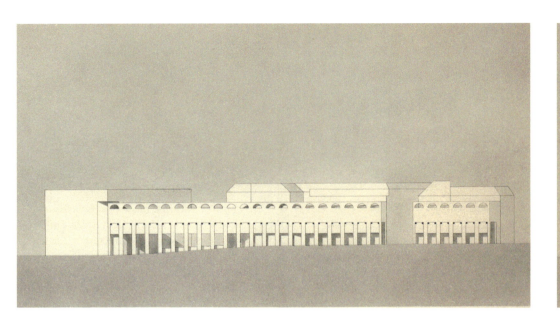

Jacques Herzog und Pierre de Meuron, Projekt zur Umgestaltung des Barfüsserplatzes, Diplomarbeit an der ETH Zürich, 1974. OBEN: Fensterlose Arkaden zur Nordseite des Platzes; UNTEN: Fassaden zum Steinenberg

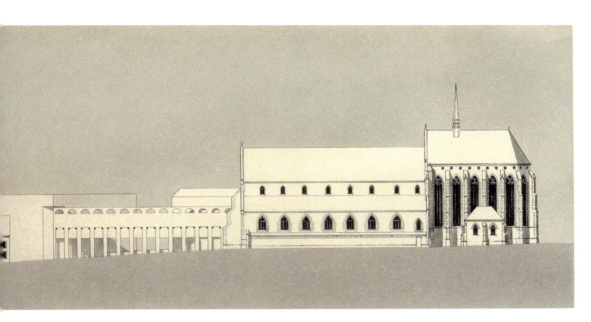

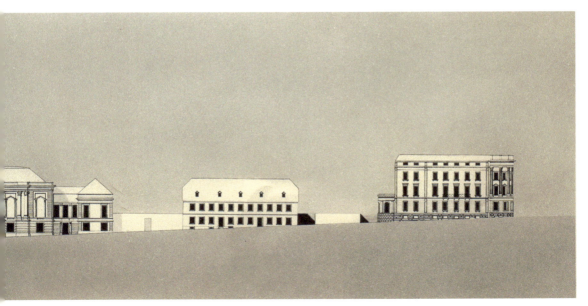

Treppe des Erasmushauses, «Haus zum Luft» in der Bäumleingasse, März 2015 [GD]

OBEN: Haupttreppe des Kunstmuseums (Architekten Paul Bonatz und Rudolf Christ, 1936), Juli 2014 [GD]
UNTEN: *Die Bürger von Calais* von Auguste Rodin (1884–1889, Bronze aus den Jahren 1942/43, erworben 1948) im Hof des Kunstmuseums, Postkarte aus dem Jahr 1950

Die Besonderheit des Kunstmuseums Basel liegt zunächst in der Geschichte der Stadt begründet. Das Museum beherbergt die «Öffentliche Kunstsammlung Basel», die die erste ihresgleichen in Europa war. Der Kern der heute konservierten und gezeigten Werke geht auf das Werk von zwei Humanisten zurück: den Gründer des Amerbach-Kabinetts, Bonifacius Amerbach (1495–1562), und dessen Sohn Basilius (1533–1591), Jurist und späterer Rektor der Universität, der es erweiterte. Die Stadt erwarb das Amerbach-Kabinett mit Krediten des Stadtrates und der Universität im Jahr 1661.

Das Kunstmuseum folgte bereits einem Konzept bürgerlicher Öffentlichkeit, noch bevor die europäische Aufklärung den Museen des 19. Jahrhunderts als Inspiration diente. Das Amerbach-Kabinett wurde der Öffentlichkeit 1671, also zehn Jahre nach dessen Erwerb, in dem Haus «Zur Mücke» in Grossbasel, in Nähe des Münsters, zugänglich gemacht. Im Jahr 1849 zog die stetig wachsende Sammlung in ein erstmalig speziell für diesen Zweck konzipiertes Gebäude, das schlicht «Museum» genannt wurde. Der weitere Verlauf führte im Jahr 1936 zum Bau eines Hauses für das Kunstmuseum Basel. Das Museum von Paul Bonatz und Rudolf Christ präsentiert sich in einer Monumentalität, die nach dem Wendepunkt Ende der 1920er-Jahre in einer eher antimodernistischen Ausrichtung der europäischen Architektur ihren Ursprung hat. Die Geschichte des Kunstmuseums ist soziologisch betrachtet mit der Entwicklung eines bürgerlichen, städtischen und kosmopolitischen Patriotismus verbunden, der durch den industriellen Aufschwung der Stadt noch verstärkt wurde. 1839 hatte sich der Kunstverein gebildet, ein Kreis von Kunstliebhabern und Mäzenen zur Unterstützung von Kunst und lokalem Kunstschaffen; er war Initiant der Kunsthalle, die dreißig Jahre später ihre Türen öffnen sollte. Die Vorahnung, die moderne Kunst verteidigen zu müssen, bestätigte sich Ende der 1930er-Jahre durch die Verurteilung «entarteter Kunst» in Deutschland. Die Leitung übernahm Georg Schmidt, Sohn eines Baslers und einer Hamburgerin und Bruder des kommunistischen Architekten Hans Schmidt. Im Jahr 1939 wurde er zum Direktor des Museums ernannt, nachdem er sich durch seine sozialistischen Ansichten und seinen Einsatz für die vor dem Nationalsozialismus fliehenden Menschen hervorgetan hatte.

Ein weiterer entscheidender Faktor in der Entwicklung der Museumssammlungen war die Gründung der Emanuel Hoffmann-Stiftung durch Maja Sacher-Stehlin im Jahr 1933 in Gedenken an ihren früh verstorbenen ersten Ehemann, den Sohn des Gründers des Pharmaunternehmens Hoffmann-La Roche, «Roche» genannt. Die Eröffnung des Schaulagers im Jahr 2003 zeigte nicht zuletzt die Bedeutung dieses institutionellen Netzes für den Wirtschaftsraum Basel.

Fotografien der Aktion *Celtic* + ~~~ von Joseph Beuys, Basel, 5. April 1971

Von dem großen Interesse Basels an der Kunst haben wir sehr profitiert. Schon früh waren hier bedeutende Künstler wie Judd oder Beuys zu sehen. Ich besaß keine künstlerische oder kunsthistorische Ausbildung, doch war es mir wichtig, die Werke zeitgenössischer Künstler in den Museen anzuschauen. Ein Künstler drückt seine Ideen durch das Werk aus. Das theoretische Konstrukt taugt nichts, solange das Werk nicht als Versuchsmodell im Maßstab 1:1 existiert. In der Architektur ist es genauso. Ich erlebte die Aktion *Celtic + ~~~* von Beuys in den Zivilschutzräumen beim Stadion St. Jakob in Basel mit. Beuys faszinierte als Person, ebenso wie durch sein Werk, welches sehr stark durch das Performative geprägt ist.

(J.H., Dezember 2008)

Fotografien der Aktion *Feuerstätte II* von Joseph Beuys mit der Fasnachtsclique «Alti Richtig»,
Basler Fasnacht, 1978
UNTEN: Das in der Sammlung des Kunstmuseums ausgestellte Werk (Schenkung des Künstlers
und der Clique «Alti Richtig» im Jahr 1979)

Mehrere Jahre lang entwarfen wir Kostüme und Masken für die Trommler- und Pfeiferclique «Alti Richtig» (Alte Richtung). Traditionell werden mit den Kostümen und Masken Vertreter des lokalen und internationalen politischen Lebens karikiert. Früher entwarfen bedeutende Künstler wie der aus Basel stammende Jean Tinguely Kostüme für den Karneval.

Im Jahr 1977 erwarb das Kunstmuseum eines der Werke Beuys', die große Installation *Feuerstätte I*. Der Kaufpreis von 300 000 Schweizerfranken, damals eine enorme Summe, löste einen Skandal aus. Wir dachten uns, dass man sich die Fasnacht zunutze machen müsste, um sich – über die einfache Karikatur hinaus – in dieses Ereignis einzumischen. Die Fasnacht bot uns die Gelegenheit, eine zweite Installation zu schaffen und zu versuchen, Künstler und Publikum zu versöhnen.

Die alemannischen und keltischen Traditionen spielen im Werk und Denken von Beuys eine große Rolle. Wir stellten uns vor, dass ihm die Idee, an der Fasnacht mitzuwirken, gefallen könnte, dass er aus dieser Situation etwas entstehen lassen würde. Und genau dies ist eingetreten. Wir besuchten ihn in Düsseldorf; für uns war dies Entdeckung und Aufbruch zugleich.

Wir waren sechsundzwanzig Jahre alt und geprägt von der Faszination, die Aldo Rossi auf uns ausübte. Beuys bewirkte einen Schnitt. Bis dahin hatte uns der Norden und insbesondere Deutschland nie fasziniert, doch Beuys besaß eine sehr sinnliche, intelligente und radikale Seite, genau wie Rossi. Es war eine großartige ästhetische Welt. In seinem Atelier roch es nach Fett, es gab dort enorme Blöcke aus Fett, Kupferplatten bildeten den Boden. Diese Begegnung mit Beuys formte uns ebenso sehr wie die Ausbildung an der ETH. Wir dachten uns einen Fasnachtszug wie ein Entwurfsprojekt aus, was schließlich sogar zur Entstehung einer zweiten Installation von Beuys führte: *Feuerstätte II,* die sich nun im Kunstmuseum Basel befindet. Die Filzkostüme wurden in größerer Zahl hergestellt, es sind autorisierte Replika eines Multiples von Beuys. Er schlug vor, dass die von den Mitgliedern der Clique während der Fasnacht eingesetzten Gegenstände aus Kupfer und Eisen anschließend wie Schlüssel an einem Bund fixiert und kreisförmig ausgelegt werden sollten, um ein kollektives Moment auszudrücken. Er verwendete Materialien mit symbolischer Bedeutung, was für uns völlig neu war.

(J.H., Dezember 2008)

Joseph Beuys, *Haus (Filzplastik)*, 1970, Öl auf Papier, 21,1 × 14,6 cm, Nationalgalerie, Berlin

Blaues Haus, Oberwil, Kanton Basel-Landschaft (Projekt 1979, Realisierung 1979–1980)

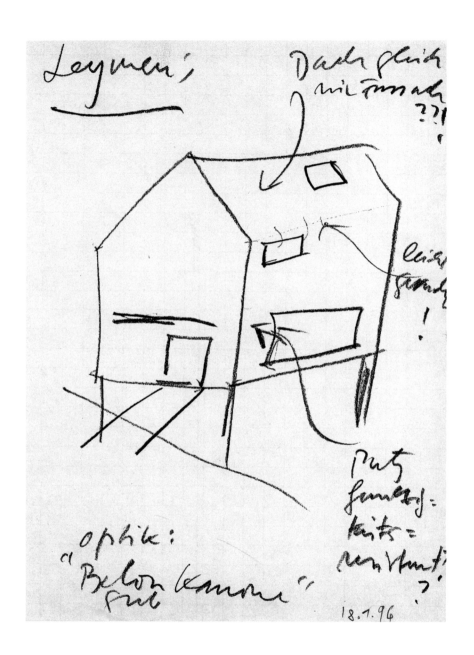

Haus in Leymen, Elsass (Projekt 1996, Realisierung 1997). OBEN: Skizze von Jacques Herzog: «Dach gleich wie Fassade??!»; RECHTE SEITE OBEN: [PDM]

Schaudepot, Vitra Design Museum, Vitra Campus, Weil am Rhein, Deutschland, Großraum Basel (Projekt 2013, Realisierung 2014–2015), April 2015

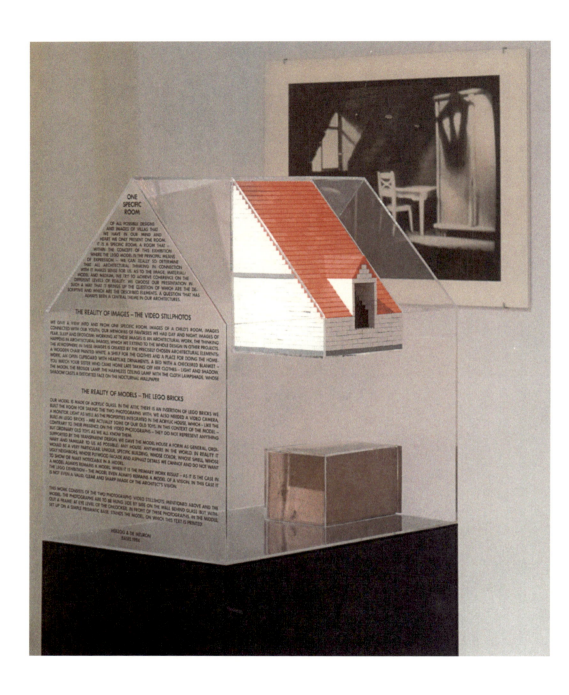

Legohaus, 1984–1985: Modell (Plexiglas, Siebdruck, Lego-Bausteine, Schublade aus Holz, Miniaturmöbel) und zwei historische Schwarz-Weiß-Fotografien

Im Jahr 1985 beteiligten wir uns an einer Ausstellung im Centre Georges Pompidou, deren Motto von einem Leitsatz Le Corbusiers* inspiriert war: «L'architecture est un jeu magnifique.» Dreißig junge europäische Architekten waren eingeladen, das Modell einer «imaginären Architektur» aus Lego-Bausteinen zu bauen. Unsere Antwort war die Nachbildung eines Mansardenzimmers, wie wir beide eines hatten, in einem unspezifischen Standardhaus mit Satteldach. Zwei großformatige, an schwarzweiße Filme der Nachkriegszeit erinnernde Fotos stellen das Innere der Mansarde und einen Blick auf das Nachbarzimmer dar, in dem eine junge Frau auf einem Bett sitzt. Das Mobiliar des Zimmers befindet sich, ebenfalls in Form verkleinerter Modelle, in einer unten in den Plexiglaskasten eingelassenen Schublade. Wir haben die Legosteine für die Darstellung des äußeren Volumens des Zimmers aufgespart und dabei aber nicht die uns zur Verfügung gestellten Bausteine verwendet, sondern jene originalen Teile, die wir noch aus unserer Kindheit hatten, und mit denen wir einst unsere kindlichen Architekturen zusammenbauten.
(J.H. & P.d.M., April 2015)

Wir geben Einblick und Ausblick eines bestimmten Raums, Bilder eines Kinderzimmers, Bilder, die mit unserer Jugend, unseren Erinnerungen an tägliche und nächtliche Phantasien verbunden sind. Bilder von Angst, Schlaf und Erotik. Die Arbeit an diesen Bildern ist eine architektonische Arbeit […].
Unterstützt durch die transparente Ausführung gaben wir dem Modellhaus eine möglichst allgemeine Form: irgendein Haus, irgendwo auf der Welt. In Wirklichkeit müsste es ein ganz bestimmtes, einzig mögliches, spezifisches Haus sein, dessen eindeutige Farbe, dessen Geruch, dessen häßliche Nachbarn, dessen Sperrholzfassade und Asphaltdetails wir nicht in einem Modell darstellen oder spürbar machen können und wollen. Modell bleibt immer Modell.
(Herzog & de Meuron, «One specific room» (Ein bestimmter Raum), Auszug aus dem auf das Legohaus aufgedruckten Text, 1984)

* Der Leitsatz Le Corbusiers lautet: «L'architecture est le jeu savant, correct et magnifique des volumes assemblés sous la lumière.» (*Vers une architecture*, 1923)
In der deutschen Übersetzung: «Architektur ist das kunstvolle, korrekte und großartige Spiel der unter dem Licht versammelten Baukörper.»
(Le Corbusier, *1922 – Ausblick auf eine Architektur*, Birkhäuser, Basel 2013, S. 38.)

Stellwerk Auf dem Wolf (Projekt 1989, Realisierung 1991–1994)

VitraHaus, Vitra Campus, Weil am Rhein, Deutschland, Großraum Basel (Projekt 2006–2009, Realisierung 2007–2009), April 2010

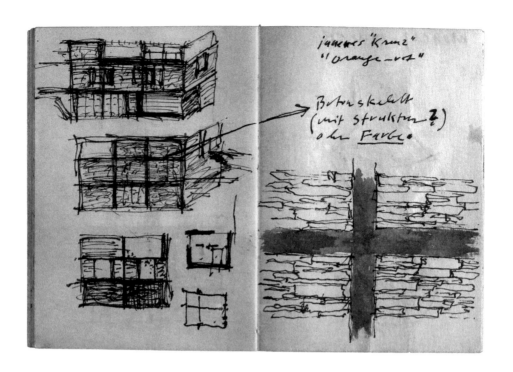

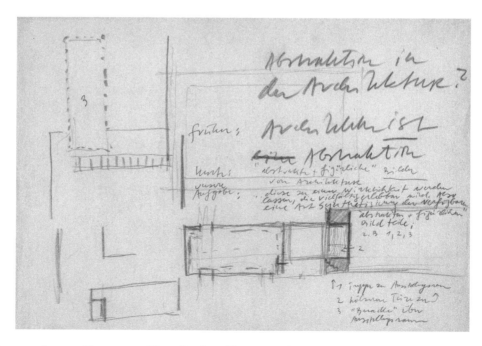

Skizze von Jacques Herzog zum Haus für einen Kunstsammler, Therwil, Kanton Basel-Landschaft (Projekt 1985, Realisierung 1986): «Abstraktion in der Architektur? früher: Architektur *ist* Abstraktion / heute: ‹abstrakte + figürliche› *Bilder* von Architektur / unsere Aufgabe: ... diese zu einer Wirklichkeit werden lassen, die vielfältig erlebbar wird. Also eine Art Synthetisierung der verfügbaren ‹abstrakten + figürlichen› Bildteile»

OBEN: Steinhaus, Tavole, Italien (Projekt 1982, Realisierung 1985–1988)
LINKE SEITE OBEN: Skizzen von Jacques Herzog für das Steinhaus, Tavole (Italien), 1982:
«inneres ‹Kreuz› / ‹orange-rot› / Betonskelett (mit Strukturen?) / ohne *Farbe*»

OBEN: Zentralstellwerk (Wettbewerb 1994, Projekt 1995, Realisierung 1998–1999), September 2009 [PDM]
UNTEN: Stellwerk Auf dem Wolf (Projekt 1989, Realisierung 1991–1994) [PDM]

Actelion Business Center, Allschwil, Kanton Basel-Landschaft (Projekt 2005–2009, Realisierung 2007–2010), September 2009 [PDM]

Der in Bau befindliche Roche-Turm (Bau 1), Projekt 2009–2015, Realisierung 2011–2015; im Hintergrund der Chrischona-Hügel, Juni 2014 [GD]

Blick auf Kleinbasel vom Dach des Parkhauses Messe aus, April 2013; hinter dem Gebäude im Vordergrund das Landhof-Stadion, im Hintergrund das Roche-Areal [GD]

Luftbild vom Landhof, 1950er-Jahre: im Vordergrund die Rosental-Grundschule (nach dem Umzug der Schule im Jahr 1966 wurde das Gebäude abgerissen, um dem im Jahr 1975 eröffneten Parkhaus Messe zu weichen), im Hintergrund der Rhein

Der Bezug, den man als Kind zu seiner räumlichen Umgebung aufbaut, ist entscheidend für das weitere Leben. Man sucht sich diese Umgebung seiner Kindheit nicht aus, sie ist uns gegeben. Dieser unmittelbare, natürlich gewachsene unbefangene Bezug verleiht uns einen Schutz, der uns später in unserem Handeln frei macht, er ist die Quelle individueller Vitalität. Viele Menschen verstehen dies nicht. Sie denken, dass man die Kinder auf internationale Schulen schicken muss, damit sie drei Sprachen lernen, sehr früh ein dichtes Netz an Beziehungen aufbauen et cetera. Aber all dies ist Unsinn. Im Gegenteil, ich glaube, dass diese bescheidene, recht einfache, ein wenig provinzielle Prägung eine grundlegende Erfahrung ist. Ohne sie hätte Beuys niemals ein Werk wie *Straßenbahnhaltestelle* erschaffen können.
(J.H., Februar 2011)

Von der Terrasse aus sah man das Fußballstadion, den Landhof, damals das offizielle Terrain des FC Basel. Bis in die 2000er-Jahre wurde es als Stadion genutzt; ich sah dort noch meine Tochter bei einem internationalen Spiel der Schweizer Mannschaft der unter Siebzehnjährigen spielen. Zu Beginn der 1970er-Jahre platzierte sich der FC Basel gut in der nationalen Liga, seit fünfzehn Jahren ist er beinah der einzige Schweizer Verein auf europäischer Bühne. Damals war der Landhof einer der für internationale Spiele offiziell anerkannten Plätze, man versäumte kein Spiel. Das waren «the good old days of football», die Spieler der Nationalmannschaft wohnten im Quartier, man kam mit ihnen zusammen. Als Kinder spielten wir ständig Fußball, jeden Tag, sobald man Zeit hatte. In den 1950er-Jahren wohnten in dem Quartier hauptsächlich Familien, die nach dem Krieg dort hingezogen waren, es gab viele Kinder, es war sehr lebendig. Von der Generation meiner Eltern wohnen dort heute nicht mehr viele; das wird immer weniger.
In den 1950er-Jahren war Kleinbasel noch das Industrie- und Arbeiterviertel, etwa mit der Brauerei Warteck und der Pharma-Firma Roche. Das Roche-Areal hat sich sehr gewandelt, heute beherbergt es in der Hauptsache den globalen Firmensitz und die Forschungsabteilungen, doch damals war es wirklich noch ein Zentrum der Chemieindustrie, mit den entsprechenden Geruchsemissionen. Die Gerüche der verschiedenen Produktionsstätten mischten sich, sehr intensive Gerüche, unser Quartier roch nach etwas ganz Besonderem, einer Mischung aus Chemie und Malz der Bierproduktion.
(J.H., Mai 2013)

Blick auf das Haus in der Peter Rot-Strasse vom Landhof-Stadion aus, April 2013 [GD]

Blick nach Norden von der Ecke Peter Rot-Strasse und Chrischonastrasse aus, April 2013 [GD]

Mein Geburtshaus liegt an der Ecke Chrischonastrasse und Peter Rot-Strasse. Der weiße Brunnen, an dem ich als jüngstes Kind täglich frisches Wasser holte, ist noch da, genauso wie die große Blutbuche, die wahrscheinlich mit dem Bau des Hauses im Jahr 1934 gepflanzt wurde. Meine Eltern sind im Jahr 1946 dort eingezogen. Weil es im Quartier viel weniger Häuser gab, war von hier aus der Chrischona-Hügel sichtbar ... Die Gebäude zur Rechten stammen ebenfalls aus den 1930er-Jahren; ein gewiefter Bauträger, ein gewisser Baumgartner, hat in der ganzen Stadt verstreut dasselbe Modell eines neobarocken Mehrfamilienhauses gebaut. Die Labor- und Produktionsbauten der Firma Hoffmann-La Roche befinden sich am Ende der Straße. Sie waren in meiner Kindheit weit weniger zahlreich und weniger hoch. Auf der anderen Straßenseite gab es einen Parkplatz mit einigen Holzbaracken darauf. Das Kleinbasler Roche-Areal war damals ein bedeutender und sehr aktiver Produktionsstandort mit den entsprechenden Geruchs- und Lärmemissionen.

Ich bin gerade dabei, das Haus auszuräumen, um es zu sanieren. Ich bin Bauherr und arbeite mit einem Team jüngerer Architekten zusammen, welches das Projekt leitet. Hätte ich auf Rentabilität gesetzt, hätte ich das Gebäude abreißen lassen und mit der doppelten Wohnfläche neu gebaut. Doch ich wollte das Haus und vor allem den Baum erhalten. Im Übrigen erschien es mir sehr schwierig, ein Gebäude zeitgenössischer Architektur in diesem homogenen Wohnquartier einzufügen. Wir werden das Haus erhalten, instand stellen und ihm auf drei Seiten je eine kleine, neue Erweiterung hinzufügen.

(P.d.M., Februar 2011)

OBEN, RECHTS UND SEITE 111: Ansichten der Kunstgewerbeschule (Architekt Hermann Baur, 1961), April 2013 [GD]

Unsere Grundschule, das Rosentalschulhaus, stand auf dem Platz des jetzigen Messeparkhauses. In Erinnerung trage ich die große Freitreppe, die drei überhohen Geschosse, den Mittelrisalit mit dem klassischen symmetrischen Grundriss, links die Buben, rechts die Mädchen. Jacques und ich waren in die einzige gemischte Schulklasse zugeteilt worden, ein Experiment, wie es hieß. 1966 wurde das Schulhaus abgerissen, um – eben – dem Parkhaus Platz zu machen. Um 1960 erfuhr unsere nächste Umgebung durch den Bau der neuen Kunstgewerbeschule eine starke Veränderung. Auf einem großen Areal zwischen Vogelsangstrasse, Peter Rot-Strasse und Riehenstrasse, auf dem sich der bis dahin letzte große Bauernhof auf Stadtgebiet befunden hatte. Dieser musste weichen, und es entstand eine riesige Baustelle, die von einem Lattenzaun umgeben war, an dem wir auf unserem Weg zur Schule entlangliefen. Der Gebäudekomplex der neuen Gewerbeschule wurde von Hermann Baur entworfen - eine gute Basler Architektur von überdurchschnittlicher Qualität, die einen unverkennbaren Einfluss Le Corbusiers deutlich erkennen lässt: Sie erinnert an das Kloster La Tourette. Monatelang verfolgten wir tagtäglich den Fortschritt der Baustelle. Kurz vor der Fertigstellung wurde im Hof eine Skulptur von Hans Arp aufgestellt, die uns sehr beeindruckte. Dies war unsere erste Begegnung mit moderner Kunst.
(P.d.M., Mai 2013)

Blick auf die Rückfassade der neuen Halle und des 1974 von Suter + Suter AG (Basel) gebauten Parkhauses Messe an der Einmündung des Landhofes in die Riehenstrasse, April 2013 [GD]

Es gab einige Maler in meiner Familie, aber nur einen Architekten. Er lebte im neunzehnten Jahrhundert in Hamburg. Meine Eltern hätten es lieber gesehen, wenn ich ein Ingenieurstudium begonnen hätte, Bauingenieurwesen oder Maschinenbau, das erschien ihnen weniger «künstlerisch», dafür umso «solider» und mit weniger Risiken verbunden.
So habe ich mich aus einem gewissen Oppositionsgeist heraus für Architektur entschieden. Letzten Endes war dieser ganze Orientierungsprozess recht stupide und einfältig; ich hatte einfach keine innere Berufung. Die Wahl der Hochschule erfolgte auf ebenso stupide und einfältige Art: Jacques und ich wollten nicht an die ETH nach Zürich gehen und haben uns für die EPF in Lausanne entschieden. Für mich als Bilingue war das eine Gelegenheit, in die Frankofonie zurückzukehren, denn ich sehnte mich nach einem neuen Zugang zur französischen Sprache. Der Entscheid, in Lausanne zu studieren, erwies sich im Nachhinein als vorteilhaft. Das erste Studienjahr stellte einen sehr einfachen und niederschwelligen Einstieg in die Architektur dar: Studium von traditionellen Bauten im Waadtländer Hinterland, erste Pläne, erste Modelle, viel Bastelei, ohne große theoretische Grundlagen und darüber hinaus noch sehr verschult. Letzten Endes ist es gar nicht so abwegig, sich auf diesem Weg mit Architektur vertraut zu machen und in sie hineinzuwachsen.
(P.d.M., Februar 2011)

Messe Basel – Neubau (Projekt 2004–2012, Realisierung 2010–2013). OBEN: Fassade entlang des Riehenrings, April 2013 [GD]; RECHTE SEITE: Das «Loch» im Gebäude oberhalb des Messeplatzes, März 2015 [GD]

Das Büro Herzog & de Meuron hat in der letzten Zeit Gebäude realisiert (die Erweiterung der Messe und insbesondere den Roche-Turm), die einen starken visuellen Einfluss auf die Stadt haben und neue Bezugspunkte in einer ausgedehnten Stadtlandschaft bilden. Dies galt auch schon für das bereits 1990 errichtete Stellwerk Auf dem Wolf, das sich in unmittelbarer Umgebung vom Bahnhof befindet, und für das 2003 eingeweihte Schaulager. Sie leiteten eine neue Phase ein: Diese Architekturobjekte, so abgegrenzt sie auch liegen mögen, greifen – über ihren bildhaften Wert hinaus – in das Stadtgefüge ein. Der Markierungseffekt fordert eine formale Klarheit, die sich abhebt von einer erstarrten Typologie oder einer ungeordneten Umgebung. Zugleich tritt die neue Form auch in einen Dialog mit den verschiedenartigen Komponenten des urbanen Lebens. Das Messegebäude ist eine Zäsur, ein Reflektor und eine Lichtfalle; es suggeriert auch eine architektonische Kontinuität, analog zu den Verkehrswegen: Das schwebende weiße Band scheint die Stadt zu durchziehen. Was im Sinne einer urbanen Klarheit wirkt, bildet gleichzeitig die Grenze des Besonderen, des Fantastischen. Die Dynamik des Gebäudes erfolgt auf imaginärer Ebene, die die Maßstäbe von Nähe und territorialer Mobilität verbindet. Die Aufnahmen von Pierre de Meuron geben das Imaginäre wieder, das der Projektskizze zugrunde liegt.

Ansicht des Neubaus der Messe Basel. OBEN: Im Vordergrund das Parkhaus Messe (Suter + Suter AG, 1974/75), März 2015; UNTEN: Fassade entlang des Riehenrings, September 2014 [PDM]

Der Neubau der Messe Basel, Messeplatz, März 2015 [GD]

Blick auf den Neubau der Messe Basel von der Clarastrasse aus, April 2015

Blick nach Südosten von einem Gebäude in der Sperrstrasse aus, März 2015: Der Neubau der Messe Basel, der Messeturm (Morger & Degelo Architekten, 2000–2003) und die Gebäude des Roche-Areals ragen aus Kleinbasel heraus [GD]

Ohne die Krümmung des Rheins würde die Stadt Basel nicht existieren [...]. Das Rheinknie ist ein plastisches Ereignis, eine Art städtebauliche Idee der Natur. Der gekrümmte städtische Raum entlang des Rheins prägt deshalb auch zweifellos die eindrücklichste ortsspezifische städtebauliche Erfahrung der Stadt Basel. [...]

Immer bleibt ein Stück Stadt, eine Fortsetzung der Stadtsilhouette hinter der Krümmung verborgen. [...] Überall jedoch, von jedem Standpunkt aus, zeigt sich die Stadt als ein Konglomerat von Architekturen aus sämtlichen Epochen der Stadtgeschichte. Eine solche räumliche Erfahrung ist nur möglich durch die konsequente, dem Flusslauf des Rheins folgende Bebauung der Stadt. Der dabei entstehende gekrümmte architektonische Raum zeichnet den Lauf des Flusses nach, bildet ihn räumlich ab. Die Architektur der Stadt wird zum geometrischen Ausdruck einer Naturform, der Naturform des Rheins. Die Stadt Basel ist erkennbar, einsehbar, verständlich und überschaubar durch diese klare und eindeutige städtebauliche Beziehung der verschiedenen städtischen Quartiere zum Rhein. [...] Oberhalb und unterhalb des Stadtzentrums aber, dort, wo die Bebauung entlang des Flusses fehlt, scheint die Stadt zu zerfallen, scheint sich aufzulösen oder sich ins Hinterland zurückzuziehen. Die Stadt scheint zu Ende zu sein. Beginnt da das Umland oder die Vorstadt oder die Natur? Die Stadt zieht sich vom Fluss zurück, weg vom Wasser, weg vom Verkehr auf dem Wasser, weg von den Schiffen. Weshalb?
(Jacques Herzog, Pierre de Meuron, Rémy Zaugg, «Basel, eine Stadt im Werden?», 1991–1992)

Herzog & de Meuron in Zusammenarbeit mit Rémy Zaugg, Vorschläge für eine Bebauung entlang des Rheins: zwei Bildtafeln, die der städtebaulichen Studie «Basel, eine Stadt im Werden?» entnommen sind; Auftrag des Gewerbeverbandes Kanton Basel-Stadt, 1991–1992

Roche-Turm (Bau 1) von der Schwarzwaldbrücke aus, März 2015 [GD]

Das Roche-Areal entlang der Grenzacherstrasse. OBEN: Blick nach Osten, September 2015 [PDM]; RECHTE SEITE: Blick nach Westen, September 2015. Auf der rechten Seite das Pharma-Forschungsgebäude mit Bibliothek und Laboren (Bau 92); Herzog & de Meuron in Zusammenarbeit mit Rémy Zaugg, Projekt 1993–1995, Realisierung 1998–2000 [PDM]

Blick Richtung Westen entlang der Grenzacherstrasse, April 2015: Roche-Areal, rechts der Bau 92 [GD]

LINKE SEITE, OBEN UND FOLGENDE SEITEN: Roche-Areal, Pharma-Forschungsgebäude (Bau 92)

Das endgültige Vorprojekt für das neue Forschungsgebäude datiert vom Mai 2001. Die Architekten Pierre de Meuron und Jacques Herzog sprechen von der Möglichkeit einer malerischen Intervention. [...]

Bei dieser Art von Zusammenarbeit macht der Architekt den Anfang. Der Künstler folgt an zweiter Stelle. Ihm obliegt es demnach, sich anzupassen und zu reagieren, zu verstehen und zu interpretieren. An ihm liegt es, seinen Rückstand aufzuholen und das, was bereits besteht, zu assimilieren, um zu einem gleichwertigen, dialogfähigen Partner zu werden. Die bildliche Intervention hat aus der Architektur hervorzugehen. Zudem muss sie den Anschein erwecken, dass künstlerischer Akt und Architektur gleichzeitig konzipiert wurden und ohne einander undenkbar wären. Die Kunst wird also eng mit der Architektur verbunden sein und als absolut notwendig erscheinen. Einmal vollendet, wird die Arbeit des Malers den Eindruck machen, sie wäre von der Architektur gewünscht, gerufen und gewollt worden, von einer Architektur, die ohne die Kunst nicht hätte werden können, was sie sein sollte, und für immer unvollendet geblieben wäre. Einzig unter dieser Bedingung ist die Arbeit des Künstlers gerechtfertigt, begründet und sinnvoll. Ist sein Beitrag geglückt, so hat der Künstler scheinbar nichts getan, da sein Werk von der Architektur gewollt und diktiert wurde. Der Künstler verschwindet in der Evidenz der Notwendigkeit des Werkes. [...]

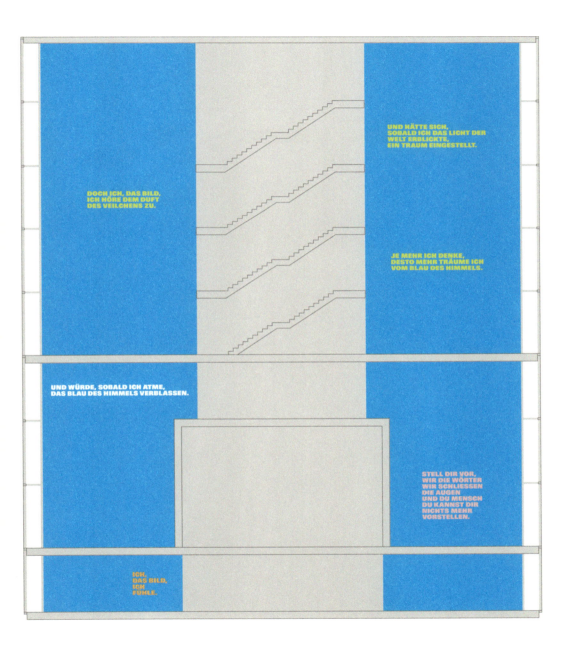

Rémy Zaugg, Entwurf einer Wandmalerei für das Roche Pharma-Forschungsgebäude (Bau 92), Schnittansicht der Innenwand gegen die Grenzacherstrasse, 1998–2000 (Typografie Michèle Zaugg-Röthlisberger, Infografie Loïc Raguénès)

Die Mauer ist gerichtet. Es gibt ein Vorne und ein Hinten. Ihre Vorderseite ist sichtbar, ihre Hinterseite geht in der Anonymität der jeweils ein Geschoß hohen Laborwände auf.
Auf der Rückseite der Wand liegen also die Laboratorien, auf der Vorderseite die Räume für die zentralen oder vitalen Forschungsfunktionen: Bibliothek und Hörsaal. Auf der Rückseite die tägliche analytische Anstrengung, auf der Vorderseite die Lagerung der nisse, die Befragung des Wissens, der Austausch der sich entwickelnden Hypothesen und Thesen. Auf der Rückseite ein geschlossener Raum mit beschränktem Zutritt, auf der Vorderseite ein halb geöffneter Ort, den man aufsucht, wo man vorbeikommt und die Zeit mit Begegnungen und im Gespräch verbringt. Auf der Rückseite die gleichsam nicht bestehende Evidenz der Horizontalität, auf der Vorderseite das vertikale Bewusstsein einer durch völlige Transparenz gekennzeichneten Vermittlungsfunktion. Auf der Rückseite die Demut der Nichtsichtbarkeit, auf der Vorderseite die Bestätigung des Ich, das sich an die Welt wendet.

Die Wand des Glasturms bietet sich den Blicken dar. Sie ist im Inneren präsent und von der Straße aus zu sehen. Sie behauptet sich, doch ohne solipsistisches Gebaren, da sie sich auf die Welt öffnet, indem sie sich der Stadt zu sehen gibt. Bevor man eintritt, hat man sie bereits erblickt, oder man hat zumindest eine vertikale Präsenz wahrgenommen.

(Rémy Zaugg, «Genese des Werkes, Tagebuch, 1998–2000», in: ders., *Eine Architektur von Herzog & de Meuron. Eine Wandmalerei von Rémy Zaugg. Ein Werk für Roche Basel*, Birkhäuser, Basel 2001, S. 65 ff.)

Blick nach Osten vom im Bau befindlichen Roche-Turm (Bau 1), Juni 2014. Im Hintergrund die Staumauer über den Rhein und das Wasserkraftwerk [GD]

Staumauer über den Rhein und Wasserkraftwerk (Architekt Hans Hofmann, 1955), im Hintergrund der Roche-Turm (Bau 1), August 2015 [PDM]

Das Kraftwerk Birsfelden wurde 1953/54 gebaut. Es ist mit der Rundhofhalle der Messe Basel eines der beiden interessantesten Projekte des Zürcher Architekten Hans Hofmann. Zu dem Stauwehr gehört ein Wasserkraftwerk. Attraktiv im besten Sinn ist die lichtdurchflutete Turbinenhalle mit ihren gespreizten, y-förmigen Fassadenträgern und ihrem darüber schwebenden, gefalteten Dach. Der Passant wird geradezu eingeladen, einen bewundernden Blick auf den riesigen, auf Hochglanz polierten Innenraum zu werfen. Das zugehörige Stauwerk hat flussaufwärts der Stadt ein Speicherbecken aufgestaut, wo ich den Rudersport betreibe. Die das Stauwerk säumenden kleinen Häuschen sind genial: sie heben die Wirkung von Massivität und Schwere des in Stahlbeton erstellten Bauwerks auf. Die grüne Farbe, das Dach aus zwei negativ, nach innen geneigten Dachflächen, die zwei Bullaugen und die weiße Tür, alle diese Details sind prägend und unverwechselbar. Die sechs grünen Betonkuben haben sich in sechs wachsame Eulen verwandelt. Auch die Holzhütten der Fischer am Ufer sind kleine Wesen, mit langen Fühlern, die auf das Wasser schauen und den Augen der Eulen antworten.

Von diesem Ort aus kann man sich den zukünftigen Roche-Turm vorstellen, so wie er im Stadtpanorama erscheinen wird. Er wird sich neben dem rechteckigen Gebäude erheben, das mit seinen knappen 56 Metern Höhe wie eine Minikopie des Sitzes der Vereinten Nationen in New York daher kommt. Der weiße Schornstein, der sich in etwas weiterer Ferne auf dem Roche-Areal befindet, misst 100 Meter. Bau 1 wird 178 Meter hoch – für das Basler Stadtpanorama ein gigantischer Maßstabssprung!
(P.d.M., Februar 2011)

Staumauer über den Rhein und Wasserkraftwerk (Architekt Hans Hofmann, 1955),
Juli 2014 [GD] und Februar 2011

Die Reputation von Herzog & de Meuron gründete anfänglich auf kleinen Projekten. Die Umgestaltung der Turbinenhalle für die Tate Modern in London bedeutete dann nicht nur eine Veränderung des Maßstabs, diese Transformation einer Industriebrache in ein Museumsmonument rückte die Gründer des Büros in den Basler (und den europäischen) Fokus. Basel war immer eine Handelsstadt, aber auch ein industrielles Zentrum. Jacques Herzog erinnert daran, dass die aktuelle Konzentration großer pharmazeutischer Unternehmen ihren Ursprung in einer Spezialisierung der Färbemittelindustrie im 19. Jahrhundert hat. «Die Bedeutung der Industrie ermöglichte die Entwicklung von Architekturbüros wie Suter + Suter, Burckhardt + Partner, die die größten der Schweiz geworden sind. Wir haben an dieser Tradition teil. Dank der Aufträge von Industrieunternehmen konnten wir mit einem Bein in der Stadt bleiben.» Dies ist allerdings ein Understatement. Allem Anschein nach hat das Büro mehr als ein «Bein in der Stadt», wie die Omnipräsenz des Roche-Turmes in der Basler Stadtlandschaft bezeugt. Die von der Industrie geprägte Formensprache hat in Basel einen monumentalen Ausdruck gefunden in Gebäuden, die in Zusammenhang stehen mit dem Rhein, der pharmazeutischen Industrie, der Messe, dem grenzüberschreitenden Handel: Das Silo von Hans Bernoulli im Hafen, die Gebäude von Otto Salvisberg für Roche, die Projekte von Hans Hoffmann – die Messehalle mit der großen Uhr und das Rheinkraftwerk ... Die Antoniuskirche von

Karl Moser stellt den Anschluss eines großen Vertreters des Eklektizismus an die Moderne dar. Herzog und de Meuron haben diese Leitfäden der Basler Architekturlandschaft analysiert. Ihr Interesse galt aber auch den Abhandlungen, die im Bereich des sozialen Wohnungsbaus entstanden waren. Eines der ersten Projekte des Baslers Hannes Meyer, der später das Bauhaus leitete, war die Siedlung Freidorf aus den Jahren 1919 und 1921; sie ist Zeugnis der letzten Phase der präindustriellen Epoche des sozialen Wohnungsbaus. Großen Respekt zollen Herzog und de Meuron auch dem Werk von Hans Schmidt, das sie während ihres Studiums kennenlernten; Schmidts Haus Schaeffer sanierte Pierre de Meuron für seinen Eigenbedarf. Die Rationalisierung von Arbeiterwohnungen gemäß den Hygienekriterien bedeutete einen Bruch mit der pittoresken und patrimonialen Tradition; sie stand vielmehr unter kommunistischen Vorzeichen. Die monumentale Sichtbarkeit der großen Industrieanlagen ist ganz anderer Art. Dennoch gibt es formale Parallelen für beide auf dem Stadtplan existierenden Maßstäbe.

OBEN UND RECHTE SEITE: Innen- und Außenansicht des Siloturms, Rheinhafen Basel (Architekt Hans Bernoulli, 1923), Juni 2014 [GD]

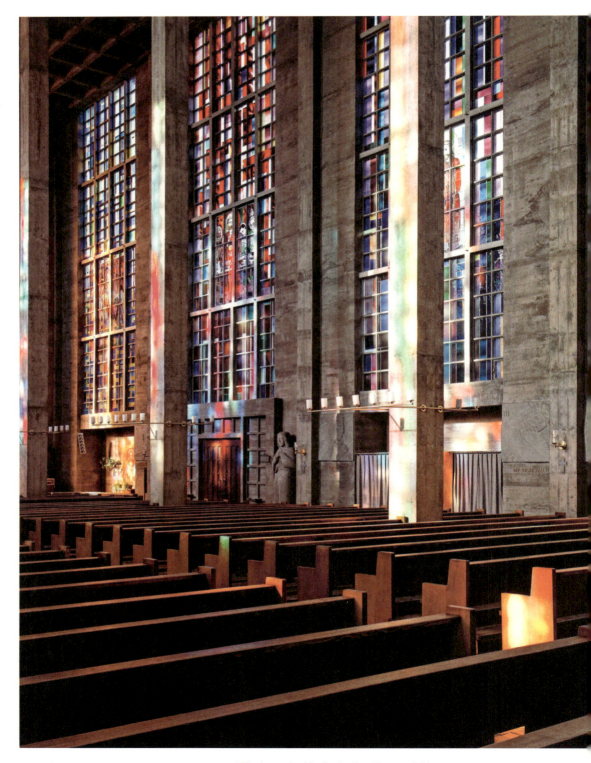

OBEN, RECHTS UND FOLGENDE SEITE: Die Antoniuskirche in der Kannenfeldstrasse (Architekt Karl Moser, 1925–1927), April 2013 [GD]

Der Architekt der Antoniuskirche, Karl Moser, realisierte auch den Badischen Bahnhof. Moser, der überwiegend in Zürich lebte und arbeitete, zählt zu den bedeutendsten Architekten der Schweiz zu Beginn des 20. Jahrhunderts. In Zürich baute er das Kunsthaus. In Basel ist die Antoniuskirche sein bedeutendstes Projekt. Das Gebäude stellt einen Beitrag zum Modernismus dar, inspiriert von der Kirche Notre-Dame du Raincy der Brüder Perret (1922/23). Dreißig Jahre zuvor aber, in seiner historischen Phase, baute Moser den Badischen Bahnhof – besonders interessant wegen seiner großen Halle – und die Pauluskirche, deren Einbindung in das Stadtgefüge sehr gelungen ist. Die beiden im Abstand von drei Jahrzehnten entstandenen Kirchen liegen an derselben Straße, weniger als einen Kilometer voneinander entfernt.

(J.H., Februar 2011)

Luftbild vom Bahnhofsviertel (Badischer Bahnhof), Juli 2015. Entlang der Bahnlinie, oben rechts (graue Dächer), die WoBA und die Siedlung Schorenmatten; in der rechten Kurve (Ziegeldächer), die Gartensiedlung Im Vogelsang

Gartensiedlung Im Vogelsang, Paracelsusstrasse, Hirzbrunnen-Quartier (Architekt Hans Bernoulli, 1926). OBEN: April 2013 [GD]; SEITE 159: März 2015 [GD]

Die Arbeitersiedlungen wurden ab den Zwanzigerjahren im Osten und Westen der Stadt gebaut. Als Kinder kannten wir sie nicht, das waren keine Orte, an denen man sich aufhielt. Erst an der Hochschule für Architektur hörten wir von diesen Siedlungen, die zu den ersten Projekten dieser Art in Europa zählen. Die Siedlungen wurden auf der grünen Wiese gebaut; außen herum war nichts. Dennoch bildeten sie einen Teil der Stadt. Sie bildeten einen neuen Typus von Stadtquartieren: zugleich ländlich und urban. Heute sind sie in die Agglomeration eingebunden, die meisten jedoch bewahren ihre Identität.
(J.H., September 2014)

Im Kleinbasel, aber jenseits der deutschen Bahngleise, befindet sich im Hirzbrunnen-Quartier die von Hans Bernoulli im Jahr 1926 gebaute Siedlung. Es ist ein gefragter Ort. Nicht allzu teuer, auch nicht sehr groß. Die Proportionen sind schön; hinter den Häusern befinden sich Gärten. In den Zwanzigerjahren wirkten in Basel drei herausragende moderne Architektenpersönlichkeiten: Hans Bernoulli (1876–1959), Hannes Meyer (1889–1954) und Hans Schmidt (1893–1972). Alle drei widmeten sich dem sozialen Wohnungs- und Siedlungsbau. Hannes Meyer machte in den Jahren 1919 bis 1921 den Anfang mit der Siedlung Freidorf, die zu einem Modell für die internationale Genossenschaftsbewegung wurde. Die mitten auf dem Land, in Muttenz, im Südosten der Stadt gebaute Siedlung ist heute in das urbane Geflecht nahe dem St. Jakob-Stadion eingebunden. Hans Bernoulli war Sozialist. Er verfasste Abhandlungen über das Bau- und Bodenrecht. Er vertrat die Auffassung, dass der Boden als begrenzte Ressource der Gemeinschaft gehören sollte, dem Staat, und dass nur die Gebäude in privatem Besitz sein dürften. Damit fand er zwar kein Gehör, wurde aber dennoch in den Nationalrat gewählt und wurde Professor an der ETH. Politisch stand er sehr weit links, was schließlich auch dazu führte, dass er seine Professur wieder verlor. Die Gartenstadt Im Vogelsang ist eine Genossenschaftssiedlung: Man ist Besitzer, aber auch Teil einer Gemeinschaft. Dank eines strikten Reglements wurden im Laufe ihres neunzigjährigen Bestehens nur sehr wenige bauliche Veränderungen vorgenommen. Von einer Isolierung der Ziegelwände, wie sie eine Zeit lang vorgesehen war, wurde glücklicherweise abgesehen. Die Originalfarben wurden beibehalten: Haustüren sind durchgehend rot, Fensterrahmen weiß gestrichen. Einzig die in die markanten Ziegelflächen eingefügten Dachflächenfenster fallen negativ auf. Sie bringen zwar zusätzliches Licht ins Innere, stören aber den Blick von außen. Das Ensemble zeichnet sich aus durch die systematische Verwendung von Sichtmauerwerk, was ihm eine für Schweizer Verhältnisse ungewöhnliche Geschlossenheit und charakteristische Ausdruckskraft verleiht. Man fühlt sich mitten in das Umfeld eines Londoner Vorortes versetzt. Die Farbkontinuität der rötlichen Fassaden sowie der Ziegel der Satteldächer trägt zur monolithischen und monochromen Wirkung des Gesamtensembles bei. Die kupfernen Dachrinnen, die im kurzen Vordach beinahe verschwinden, verstärken diesen Aspekt. Das Quartier funktioniert wie ein Mikrokosmos, mit kleinen Wohnungen und angrenzenden Gärten. Die Lebensqualität ist überdurchschnittlich hoch, weswegen es sich nach wie vor großer Beliebtheit erfreut.

(P.d.M., Februar 2011)

Siedlung Freidorf, Muttenz, Kanton Basel-Landschaft (Architekt Hannes Meyer, 1919–1921).
OBEN: Luftbild, 1920er-Jahre; das größte Gebäude ist das Genossenschaftshaus. UNTEN: Blick in die Gemüsegärten, in der Mitte des Hintergrunds der St. Jakob-Turm, April 2013 [GD]

Der St. Jakob-Turm (Projekt 2003–2005, Realisierung 2006–2008) am Ufer der Birs im St. Alban-Quartier, Juni 2014 [GD]

Blick auf die Siedlung Schorenmatten, Hirzbrunnen-Quartier (Architekten Hans Schmidt und Paul Artaria, 1927–1929), April 2013 [GD]

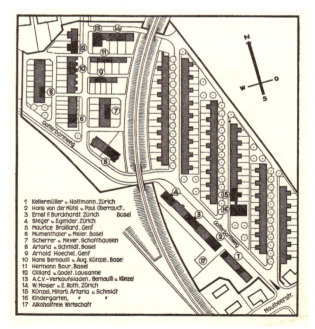

OBEN: Siedlung Schorenmatten, Blick von den Bahngleisen aus, April 2013 [GD]
UNTEN: Lageplan der Wohnausstellung (WoBA), Eglisee-Quartier, 1930. Die größte Siedlung Schorenmatten von Schmidt und Artaria besteht aus sechs Reihenhauszeilen (in schwarz) rechts der Bahngleise.

Historiker und Soziologen haben gelegentlich die Gartenstädte kritisiert, die sie als antiurbane Schöpfungen betrachten, sozusagen als Negationen der Stadt. Die Stadt aber besteht aus verschiedenen Konzepten und Typologien; die Wahrheit ist nicht monolithisch.
Bei den hier vorgestellten Siedlungen handelt es sich um Typologien geringer Dichte, die außerhalb der Stadt erbaut wurden, zu einer Zeit, wo es noch unbegrenzt Platz «auf dem Lande» zu geben schien. Im Laufe des 19. Jahrhunderts hatte sich die Stadt stark verdichtet, das erinnert schon ein wenig an das haussmannsche Paris. In den 1920er-Jahren wurde ein Leben im Zentrum ungesund. Als Folge dehnte sich die Stadt auf der Suche nach Luft, Licht, Sonne und Boden über ihre Grenzen hin aus. Die Folge davon ist bekannt: Im Geist der Moderne und begünstigt durch die Möglichkeiten des Individualverkehrs hat die Urbanisierung die zweite Hälfte des 20. Jahrhunderts hindurch ihren unerbittlichen Expansionskurs angetreten. Dieses Phänomen hat uns im Studio Basel dazu veranlasst, das Verhältnis von «Gebautem» und «Nichtgebautem» als konsequenten Ansatz zu starten und neue Strategien im Umgang mit den verschiedenen Gebäudetypologien zu entwickeln, beispielsweise durch Stapelung oder Vereinigung verschiedener Typologien auf einem Bauplatz. Das ist in etwa das, was wir in der Rue des Suisses in Paris gemacht haben, wo wir mit der Kombination von Blockrandbebauung, Zeilenbau und solitären Pavillonbauten ein lebendiges innerstädtisches Geviert geschaffen haben.
(P.d.M., Februar 2011)

Nur 500 Meter entfernt von Bernoullis Siedlungen, ebenfalls entlang der Schienenwege, hat Hans Schmidt zusammen mit Paul Artaria und August Künzel die ersten Gebäude mit Flachdach in Basel gebaut: zunächst die Wohnkolonie Schorenmatten zwischen 1927 und 1929, dann gleich danach einen Teil der Siedlung Eglisee im Rahmen der Wohnausstellung Basel (1929–1930), eine Ausstellung von avantgardistischen Wohnprototypen im Echtmaßstab, vergleichbar mit anderen Werkbundsiedlungen in Stuttgart, Wien oder Zürich. Als Studenten haben uns diese Architekturen stark beeindruckt. Wir hatten eine Führung für die Seminargruppe Aldo Rossis ausgearbeitet und stellten die Broschüre *Neues Bauen* mit verschiedenen Typologien, Plänen und Zeitdokumenten zusammen. Hans Schmidt und die Zeitschrift *ABC* [Zürich, 1924–1928] waren als Bezugsgrößen für Rossi von

zentraler Bedeutung. Heute fällt es allerdings schwer, für einen Teil der Siedlung Begeisterung aufzubringen, weil «In den Schorenmatten» vor rund fünfundzwanzig Jahren auf unverantwortliche Art saniert wurde. Eine echte Verschandelung! Kaum ein Detail entspricht noch dem Originalzustand. Da die Gebäude nicht unter Schutz standen, hat die Denkmalbehörde leider nicht intervenieren können. Schade! Es ist noch nicht lange her, da wurde den Architekturen der Moderne kaum die notwendige Anerkennung beigemessen. Glücklicherweise ist der größte Teil – vermutlich unter dem Schutz der Genossenschaftsreglemente – im Originalzustand erhalten geblieben.
(P.d.M., Februar 2011)

Die «Sanierung» hat genau das zerstört, was sich von der aktuellen baulichen Banalität abhob. Zu der damaligen Zeit wurde ein abstraktes, radikal innovatives Haus von der Linken und der Avantgarde bejubelt. Durch den Verlust an Radikalität und einstiger formaler Klarheit wurde der Modernismus banaler. Bevor die Bauelemente in Serie produziert wurden, entwarfen die Architekten reduzierte Details: Verputz, Fensterprofile, Zargen. Wenn Du das zerstörst, zerstörst Du alles. Renovieren kommt teuer zu stehen. Die Merkmale zu definieren, die erhalten bleiben müssen, obliegt politischer Entscheidung: Kann eine Volkswohnung historische Qualität besitzen?
(J.H., Februar 2011)

Siedlung Schorenmatten, Hirzbrunnen-Quartier; Architekten Hans Schmidt und Paul Artaria, im Rahmen der Wohnausstellung (WoBA), 1930. Blick auf die Gärten, 1930er-Jahre (LINKE SEITE) und April 2013 (OBEN) [GD]

Siedlung Schorenmatten, Ansichten in den 1930er-Jahren (OBEN) und im September 2014 nach der Sanierung [PDM]. Verschiedene Arten der Renovierung können beobachtet werden: Einige Fassaden wurden mit unterschiedlichen Farben neu gestrichen (RECHTE SEITE OBEN), andere

wurden mit Platten verkleidet (UNTEN). Gegenüberstellung eines Hauses im Originalzustand und nach Renovierung (LINKE SEITE UNTEN): Die Fassade wird durch eine dicke Isolierung eingehüllt und mit Putz abgedeckt.

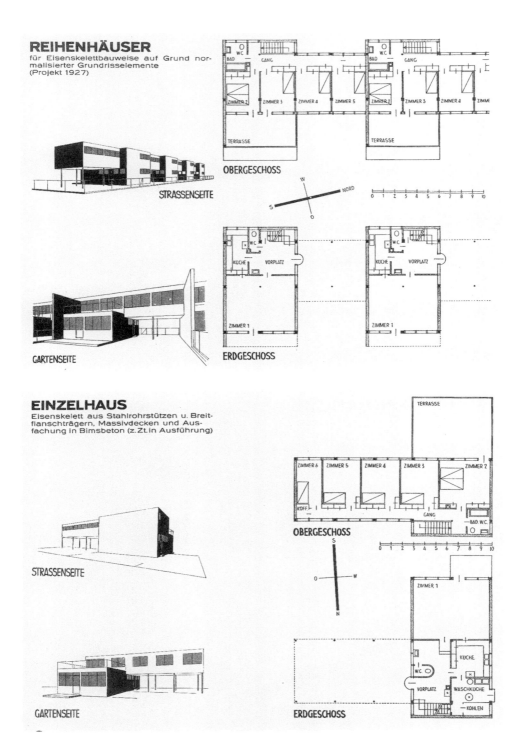

Hans Schmidt und Paul Artaria, Zeichnungen erschienen in der Zeitschrift ABC im Jahr 1928.
OBEN: Entwurf von Reihenhäusern in Eisenskelettbauweise, 1927; UNTEN: Interpretation als Einzelhaus (Haus Schaeffer, Riehen, 1928)

Hans Schmidt und Paul Artaria, Haus Schaeffer in Riehen, Kanton Basel-Stadt: Ansicht aus dem Jahr 1928 und Ansicht aus dem Jahr 1991, nach der Sanierung durch Pierre de Meuron

Schon im Jahr 1977 verglichen wir in der Zeitschrift *The Village Cry* zwei Projekte, die unsere Ausbildung prägten: den Wettbewerbsentwurf von Hannes Meyer und Hans Wittwer für die Petersschule in der Basler Altstadt (1926/27) und das Haus Schaeffer in Riehen von Hans Schmidt und Paul Artaria (1927–1928). Die beiden innovativen Projekte unterscheiden sich stark voneinander, sind aber jedes für sich genommen Manifeste des Neuen Bauens. Der für die damalige Zeit zu radikale Entwurf der Petersschule von Meyer/Wittwer wurde nicht realisiert.

Das Haus Schmidt hingegen existiert; es wurde zum Prototypen einer Reihenhausbebauung. Die Komposition ist äußerst interessant, zwei Volumen wurden im rechten Winkel übereinandergestellt: Unten befindet sich der Wohnbereich, oben der Schlafbereich. Schmidt war radikal; der bürgerlichen Schweiz schließlich überdrüssig, emigrierte er in den 1930er-Jahren in die Sowjetunion. Zu jener Zeit wahrten so manche «moderne» Basler Häuser die Konventionen des großbürgerlichen Lebens. In Schmidts Haus aber gab es keinen Dienstboteneingang; das war damals gar nicht so selbstverständlich. Im Jahr 1990 stand das Haus zum Verkauf, niemand wollte es. Schließlich haben es Dominique und ich gekauft. Das Haus auf den Fotos von 1929 war nicht mehr wiederzuerkennen, da es vollkommen verborgen hinter den Bäumen lag und im Laufe der Zeit verändert, stellenweise auch verunstaltet, worden war. Es war sicher nicht einfach, dort zu leben. So gab es zum Beispiel weder Sonnenschutz noch Vordach. Später, in Zürich, baute Schmidt Vordächer, hier aber gab es keines, auch nicht an der Südseite. Im Sommer war es sehr heiß, im Winter kalt. Die Vorbesitzer hatten Veränderungen am Haus vorgenommen, die der ursprünglichen Konzeption widersprachen. Ich habe versucht, das Haus bewohnbar zu machen und dabei die Klarheit der Volumen wiederzufinden. Wir entwarfen ein verglastes, weder isoliertes noch geheiztes Vestibül, in dem im Winter oft nur fünf Grad erreicht werden, das aber doch die großen Temperaturunterschiede zum Hausinneren abmildert. Was die architektonische Radikalität des Hauses zweifelsohne am meisten entstellte, waren eine Glaswand vor der Gartenseite und die Fenster aus braunem PVC, das Ergebnis einer zweifelhaften Sanierung! Die Fenster versah ich mit einer Doppelverglasung, deren Entwurf die Kontinuität der Fassade beibehalten sollte. Damals war die Größe der Glasscheiben begrenzt, darum setzen sich die großen Fenster aus vier Scheiben zusammen. Ich habe die Proportionen mit dem zentralen Fensterkreuz bewahrt, denn dieser Entwurf trägt zur Qualität der Fassade bei. Der rechte Winkel der Scheiben war das Basiselement für den gesamten Fassadenentwurf.

Im Rahmen eines Seminars hat Arthur Rüegg das Haus Schaeffer präzise erfasst und beschrieben. Sorgfältig wurde insbesondere Artarias und Schmidts Umgang mit Farben analysiert, der auf der Theorie der positiven (Rot, Blau, Gelb) und negativen Grundfarben (Weiß, Grau, Schwarz) basierte. Als Resultat dieser Untersuchung ist in einer beachtenswerten Broschüre die spannende Biografie dieses einzigartigen Bauwerks gezeichnet worden.

Fünfzehn Jahre später haben wir für unsere drei älter werdenden Kinder mehr Platz gebraucht; das einzige Badezimmer war winzig, das ganze Haus sehr hellhörig – die Wohnung für das Existenzminimum lässt grüßen! Ich wollte das Haus vergrößern und reichte einen Erweiterungsentwurf ein, den ich im Sinne der Architekten verstand. Ein drittes Volumen mit selbständiger Statik sollte wie eine Art Tisch über das bestehende Haus gestellt werden. Dieser Vorschlag wurde von den Behörden aus denkmalpflegerischer Sicht abgelehnt, mit Recht, wie wir im Nachhinein zugestehen. Zu guter Letzt sind wir in zwei von mir entworfene Häuser umgezogen.
(P.d.M., August 2010)

Literaturangabe: Jacques Herzog und Pierre de Meuron, «Rationale Architektur und historische Bezugnahme», *The Village Cry*, Nr. 3, 1977.
Arthur Rüegg, *Artaria & Schmidt Wohnhaus Schaeffer, Riehen-Basel, 1927–1928.*
Erneuerung: Herzog & de Meuron, 1990–1991, Institut GTA/ETH, Zürich 1993.

etwa «wissenschaftlich» aufeinander abgestimmte Primärfarben zur Anwendung. Eine Analyse der 1991 mühsam in Kunstharz nachgemischten Töne des Hauses Colnaghi ergibt, dass die damals üblichen Pigmente – weitgehend Erdfarben – zur Anwendung kamen. So gleicht das Rot in etwa einer gebrannten Siena, das Gelb einem aufgehellten Gelbocker, das Grau ist aufgehellte grüne Umbra. Und was mehr ist: das «Dunkelgrau» oder «Schwarz mit grünlichem Einschlag», das für die Rahmungen verwendet wurde, entspricht einer reinen grünen Umbra. Auf diese Weise kam die unglaublich weiche Verbindung der Farben zustande, die übrigens auch im Innern des Hauses Huber 1991 noch im Original zu beobachten war. Dort waren die Kastentüren weiss, die Zimmertüren in aufgehellter grüner Umbra und die Rahmen in «grünlichem Schwarz» gestrichen; dazu trat das «Sonnengelb» der Wände, ein als Kaseinfarbe auf Grundpapier aufgebrachter, heller Ockerton.

Auch im Haus Schaeffer entspricht das etwas kräftigere Gelb (das nur in der Küche vorkommt) einem fast reinen hellen Gelbocker, das Rot der Türen dagegen einem Fleischocker. Das dunkle blaue Ultramarin der Metallkonstruktionen ist auf den Holzfronten der Wandschränke aufgehellt. Die beiden Grautöne auf Holz sind allerdings kälter als jene im Haus Colnaghi; und gewisse Metallteile wie Treppenuntersicht und Geländerstaketen sind in Silberbronze gestrichen.

All diese Farben gehören ohne Zweifel zu einer Art persönlicher Farbenpalette Artarias und Schmidts. Sie bilden ein Repertoire, das relativ frei einsetzbar und kombinierbar war. Wie weit sich in der Wahl der Töne neben den genannten Verbindungen zur internationalen Szene auch Basler Verflechtungen niederschlagen, müsste genauer geklärt werden; in Frage kämen vor allem die Maler der Gruppe Rot-Blau, die in ihren Bildern eine verwandte Farbigkeit pflegten. Nur nebenbei sei erwähnt, dass Artarias und Schmidts Palette in Le Corbusiers «Grande Gamme» enthalten ist, jener Reihe traditioneller Malerfarben, die «konstruktive Eigenschaften» besassen und von jenen Leuten benutzt wurden, die «Volumen malen wollen». (Ozenfant und Le Corbusier, La peinture moderne, Paris 1925)

Ein spezielles Thema bildet in diesem Zusammenhang die Konzeption der äusseren Oberfläche des Baukörpers selbst. Beim Haus Colnaghi wurde eine Fassadenhaut aus weisser Ölfarbe aufgebracht, die wasserabstossend sein sollte; auf diese Weise konnte das Aussehen des Hauses in Regen, Sonne und Frost immer gleich beibehalten werden. Man erinnert sich an die Versuche der Brüder Luckhardt in Berlin, welche ihre Häuser am Rupenhorn (1929–1930) ebenfalls mit Ölfarben strichen, respektive den Putz mit Wachs einliessen. Am Haus Schaeffer stellte der Restaurator Denfeld zwei weisse Kalkanstriche auf einem feinen Abrieb mit ca. 1 mm Korn fest; es scheint aber ziemlich sicher, dass es

Zwei Innenaufnahmen vom Haus Schaeffer nach der Sanierung und eine Seite aus dem Buch von Arthur Rüegg, *Artaria & Schmidt Wohnhaus Schaeffer, Riehen-Basel 1927/1928; Erneuerung: Herzog & de Meuron 1990/1991*

Hans Schmidt und Paul Artaria, Haus Schaeffer in Riehen: Ansicht aus dem Jahr 1928 (OBEN) und Ansicht aus dem Jahr 1991 (UNTEN), nach der Sanierung durch Pierre de Meuron

Blick auf die Siedlung Zu den Drei Linden von der Bäumlihofstrasse (zwischen Basel und Riehen) aus, Februar 2008

Für eine Besichtigung mit der Seminargruppe von Rossi hatten wir auch die Siedlung Zu den Drei Linden analysiert, die Anfang der 1940er-Jahre von Ernst Mumenthaler, Otto Meier und August Künzel gebaut worden war. Wir gingen in die Wohnungen hinein, kamen mit den Bewohnern ins Gespräch. Es hat sich dabei herausgestellt, dass sich der alltägliche Gebrauch der Häuser in hohem Maße bewährte. Konstruktion, Ausführung und konstruktive Details sind von hoher handwerklicher Qualität, und so ist der Zustand der Gebäude beachtlich. Diese Beobachtung bringt mir immer wieder Mario Meier, den Sohn von Otto Meier, in Erinnerung. In den frühen Achtzigerjahren war er einer unserer ersten Mitarbeiter im Büro. Mit besonderer Liebe widmete er sich der Konstruktion und besaß eine ausgeprägte Sensibilität für Materialien, das sind seltene Qualitäten. Sein Vater hatte Zu den Drei Linden während des Zweiten Weltkrieges gebaut. Er reagierte auf die Avantgardisten mit einer Bezugnahme auf die Schweizer Reduit-Politik.

Die Nordfassade erinnert an eine Festung; auf der Südseite befinden sich Balkone und Gärten. In Bernoullis Siedlung Im Vogelsang geht man an den Gärten vorbei, die privaten Parzellen gehen in die Gemeinschafts- und Wegeflächen über. Hier aber unterscheiden sich das Innen und Außen deutlich, die Gärten sind geschlossen, nur der jeweilige Besitzer hat Zutritt. Der Festungscharakter erinnert an die historische Reaktion und spiegelt die Situation der Schweiz innerhalb eines im Krieg befindlichen Europas wider. Gleichzeitig ist die architektonische Qualität hoch. Es gibt keine Entsprechungen, die beiden Fassaden – Nord und Süd – sind sehr unterschiedlich: Putz und Geschlossenheit im Norden, warmes Holz und Öffnung gen Süden. Die Gärten sind recht groß; während des Krieges kamen sie dem Bedürfnis nach Selbstversorgung entgegen, die Bewohner pflanzten hier Kartoffeln. Jeder private Hauszugang ist durch eine Nische betont, zurückgezogen gegenüber dem Treppenhaus, das ein an die Fassade angefügtes

Türmchen bildet. Am Ende der Zeile, an der Ecke zur Straße, schließt eine zurückversetzte Mauer das Ensemble. Auch die Farbfassung ist interessant. Die moderne Basler Architektur ist nicht weiß, sie ist grau oder ocker. Das ist nicht das – mediterrane – Spiel der Volumen im Licht der Sonne, wie wir es von Le Corbusier kennen. Das Erstaunlichste ist vielleicht die Koexistenz urbaner und ruraler Elemente. Das Ensemble ist funktional, die Ausarbeitung der Volumetrie, die Komposition und die Rhythmen sind bemerkenswert. Die Dachfenster scheinen originalgetreu zu sein, allerdings weisen nicht alle Erkertürmchen eines auf. Wahrscheinlich gibt es zwei Typologien, eine Variante mit, die andere ohne Dachfenster. Die Dächer kragen weit über und betonen die Fluchtlinie des Gebäudes.

Aus der Distanz, insbesondere von der Straße zwischen Basel und Riehen aus, sieht man nur das Dach, das Gebäude scheint unter dem Schatten des Vordaches zu verschwinden. Eine große unbebaute Fläche, der Bäumlihof, trennt die Straße von der Siedlung. Die Flächen gehörten einer Familie von Großgrundbesitzern, die nach wie vor im Ort wohnt. Als sie in den 1960er-Jahren einen Teil des Bodens überbauen wollte, lancierte eine Gruppe von Einwohnern eine Initiative, um das Gebiet als unbebaubare Zone einstufen zu lassen und die Stadt als Käufer zu gewinnen. Dies geschah Anfang der 1970er-Jahre, ich war damals Student an der ETH in Zürich und hatte gerade Bernoullis Buch *Die Stadt und ihr Boden* gelesen. Im Jahr 1983 folgte eine zweite Volksabstimmung, die Stadt musste der Familie Millionen als Entschädigung zahlen. Wäre Bernoullis System angenommen worden, hätte der Staat nicht zahlen müssen. Jedenfalls bildet diese grüne Zone eine Zäsur zwischen Basel und Riehen und ist Teil des größten Erholungsgebiets inmitten der Stadt. Es ist gut, dass die bebaute Fläche eine klare Grenze hat. Ich bin aber der Meinung, dass die Grenze mit einer höheren letzten Reihe betont werden müsste, wie um den Central Park in New York.
(P.d.M., Februar 2011)

Ansichten der Siedlung Zu den Drei Linden (Architekten Ernst Mumenthaler und Otto Meier, 1944), Februar 2008

Blick auf die Siedlung Zu den Drei Linden von der Bäumlihofstrasse aus, März 2015 [GD]

Abgeschirmt vom Bäumlihof, wirkt die Siedlung Zu den Drei Linden ein wenig wie eine Insel oder eine Arche. Im Unterschied zur Weißenhofsiedlung in Stuttgart, die im Jahr 1927 unter der Leitung von Mies van der Rohe entstand, waren die Bewohner nicht einer avantgardistischen Ästhetik ausgeliefert, die sie nicht verstanden. Die Architekten entschieden sich für ein Weiterführen vertrauter Formen – wie in alten Zeiten. Die Geschichte kann aber auch anders erzählt werden: Otto Meier war Protestant und Kommunist; er setzte sich entschieden für die Arbeiterklasse ein. Zu Beginn des 20. Jahrhunderts ging für Architekten wie ihn die soziale Utopie Hand in Hand mit einer Infragestellung traditioneller Formen, mit dem Willen nach einer Zäsur. Im Jahr 1944 hatte sich die Situation drastisch verändert. Was sich in Drei Linden manifestiert, kennen wir aus den Geschichten in nachrevolutionärer Zeit: dem Streben nach einer sozialen Revolution, die nicht von einer kulturellen Elite geführt werden soll und die sich nicht in eine formale Innovation einschreibt, die vielmehr einen Egalitarismus rühmt, und sich dem Aufkommen einer unabhängigen, von einer Elite entworfenen Ästhetik widersetzt. Eine Zukunftsvision, die auf Ergebenheit vor der Tradition gründet.

(J.H., Februar 2011)

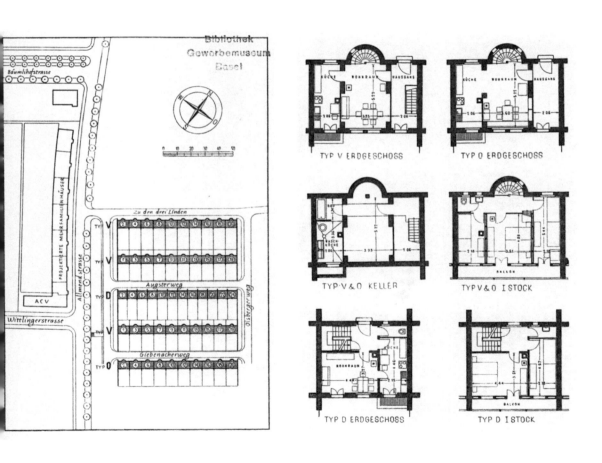

Zu den Drei Linden. OBEN: Lageplan und Grundrisse der verschiedenen Wohnungstypen, 1944;
LINKE SEITE: Ansicht im März 2015 [GD]

Zu den Drei Linden, Blick in die Gärten, März 2015 [GD]

Ai Weiwei führte uns in die städtebauliche Entwicklung des Stadtteils Jindong in Jinhua ein, einer 300 Kilometer südwestlich von Schanghai gelegenen Stadt mit vier Millionen Einwohnern. Die Stadt hatte ihn beauftragt, einen Park in Gedenken an seinen aus Jinhua stammenden Vater, den Poeten Ai Qing, zu entwerfen. Er durfte den Masterplan einsehen, der für den neuen Stadtteil beschlossen worden war, und überzeugte die Stadt davon, das Projekt neu zu überdenken und uns damit zu beauftragen. Jindong sollte ein neues Zentrum mit Geschäften, Kultur- und Freizeiteinrichtungen, Büros und Wohnungen für 100 000 Menschen werden. Tatsächlich ist das Projekt dieses riesigen Stadtteils nicht über den Status eines Entwurfs hinausgekommen; die ständigen Verzögerungen und die chinesische Arbeitsmethodik machten ein urbanes Stadtprojekt, an dem verschiedene Architekten mitwirken würden, unmöglich. Mit großem Einsatz haben wir nach einer Architektur gesucht, die verschiedene Typologien vorschlägt, die einen reichhaltigen urbanen Mix ergeben würden. Wir wollten eine typologische Reichhaltigkeit und eine materielle Einheitlichkeit. So schlugen wir beispielsweise die Verwendung von Backsteinen vor. Die Chinesen überraschte dies sehr, tendieren sie doch dazu, traditionelle Bauweisen als «archaisch» oder «veraltet» abzulehnen. In Jinhua stehen einige herrliche Häuser aus Ziegeln; wir haben sie angeregt, dieses Erbe aufzugreifen, und konnten sie schließlich überzeugen. So haben wir sogar zugleich zum Masterplan große 1:1 Mock-ups in Backstein aufgebaut.
(J.H., Dezember 2008)

Jindong, städtebauliche Entwicklung eines neuen Quartiers in Jinhua, Provinz Zhejiang, China (Projekt 2003–2006): in den Büros von Herzog & de Meuron in Basel, Modell des Massenplans, Dezember 2003 (SEITEN 186/187) und Studie zum Mauerwerksverband mit Backsteinen, Februar 2004 (OBEN); mitabgebildet auf beiden Aufnahmen Mario Meier und Roman Aebi, die im Rahmen des Projektes die Verwendung von gebrochenem Backstein eingeführt haben, gemeinsam mit Ascan Mergenthaler

Studien zum Backsteinmauerwerk für die Konstruktion der Gebäude für das neue Quartier von Jindong in Jinhua. OBEN: Mock-up im Jacques Herzog und Pierre de Meuron Kabinett, Helsinki Dreispitz, April 2015 [GD]; RECHTE SEITE: Bau von Prototypen in Jinhua, Februar und August 2004 [GD]

Letzten Endes wurde unsere Arbeit in Jinhua noch vor Baubeginn abgebrochen. Sicher wurde inzwischen etwas gebaut, vielleicht folgte man dabei auch einigen unserer Anweisungen. Aber es ist schwierig, an Informationen heranzukommen, dafür müsste man vor Ort sein. Erstaunlicherweise hat ein skulpturales Objekt dieses Projektes Gestalt angenommen, das wir Jinhua Structure nennen. Ai Weiwei war von der Stadt beauftragt worden, einen Architekturpark mit experimentellen Pavillons zu gestalten. Wir arbeiteten seit über einem Jahr an dem Masterplan für das neue Stadtzentrum und hatten uns entschieden, das Repertoire an Motiven, das für die Gebäude entwickelt worden war, wie eine molekulare Struktur oder einen genetischen Code zu verwenden. Jinhua Structure ist unser einziger Versuch, Architekturform quasi synthetisch durch ein Computerprogramm zu generieren. Es entstehen dabei unerwartete, nicht vertraute Formen in unendlicher Variation wie in der Natur, wie bei einer Wolkenformation oder einer Felslandschaft. In Wolkenbildern, ebenso wie in Felsformationen entdecken wir Formen und Orte, die ausschauen, als würden sie sich zum Sitzen oder zum Liegen anbieten, wie zum Beispiel Höhlen oder große Dachvorsprünge.

Solche Orte finden sich auch in der Jinhua Structure, für welche eine erste Version aus eingefärbtem Beton gebaut wurde und die nun von den Besuchern des Parks rege benutzt werden.

(J.H., Dezember 2008)

Jinhua Structure, Version II – vertikal (massives, verleimtes Holz), im Park der Fondation Beyeler, Riehen, 2004

Goetheanum (Architekt Rudolf Steiner, 1925–1928), Sitz der Allgemeinen Anthroposophischen Gesellschaft, Dornach, Kanton Solothurn. OBEN: Ansichten der Haupttreppe, Februar 2011 und Juli 2014 [GD]; RECHTE SEITE: Aussenansicht, Juli 2014 [GD]

Gemessen an der Größe des Birstals hat das Goetheanum in Dornach ebenso wie das flussabwärts Richtung Basel in Münchenstein gelegene Schaulager eine unübersehbare urbane Ausstrahlung. Als markante Gebäude sind sie beide auf ihre Art richtungsweisende Architekturen, an einen Schädel und ein Gesicht erinnernd.
(P.d.M., Februar 2011)

Das Goetheanum ist Ausdruck einer Art Antifunktionalismus. Ein recht hässliches, aber eindrucksvolles Gebäude, das die Architektur des 20. Jahrhunderts nachhaltig beeinflusste. Am gelungensten entfaltet sich die Architektur, wo sie am abstraktesten wird, wie in dem Großen Saal, der wie aus einem Guss erscheint. Er wirkt wie ein ausgehöhltes Volumen. Die Bewegung der zentralen Treppe ist beachtlich. Sie steigt in einer Spirale, alterniert Schatten und Licht … und geht in einen freien Raum über, bevor sie in Schatten und Masse entschwindet. Der größte Treppenabsatz rahmt den Blick auf den Hügel ein, führt ihn dem Innenraum zu. Was für eine Szenografie! Das zweite Podest leitet zu einem großen roten Fenster, das alle Merkmale eines monumentalen Eingangs besitzt und den Raum in rote Farbe taucht.

Steiner arbeitete sehr skulptural und folgte eher theatralischer Eingebung als struktureller Logik. Das Innere des Baukorpus ist im steinerschen Verständnis «Ausdruck der Seele». Der obere Teil des Treppenhauses ist der Höhepunkt anthroposophischer Architektur. Am stärksten wirkt die Architektur Steiners an jenen Orten, wo sie eine nicht erzählerische, beinahe abstrakte Qualität erreicht, welche über die anthroposophische Ideologie hinausweist.
(J.H., Februar 2011)

Blick auf Basel vom Dach des Goetheanums aus, in der Ferne der Messeturm und der im Bau befindliche Roche-Turm (Bau 1), Juli 2014 [GD]

Roche Bau 1, eine der im Bau befindlichen Treppen, Juni 2014 [GD]

Musée Unterlinden, Colmar, die im Bau befindliche Haupttreppe, April 2015, und die Treppe in der «Piscine» (Saal für Veranstaltungen, ehemaliges Stadtbad), September 2015 [GD]

Blick auf den neuen Seitenflügel des Musée Unterlinden, Colmar (Wettbewerb 2009, Projekt 2010–2012, Realisierung 2012–2015), kurz vor Fertigstellung, Herbst 2015 [PDM]

Lagerhaus Ricola, Laufen, Kanton Basel-Landschaft, 1986–1987 [PDM]

Ricola ist ein Familienunternehmen, das heute in dritter Generation von den Enkelsöhnen des Gründers geleitet wird. Unser erstes Projekt für das Unternehmen, die Sanierung der Büros, reicht in das Jahr 1983 zurück. Danach haben wir zwei Lagerhäuser, die Erweiterung einer Fabrik und das Marketing-Gebäude gebaut. Mit Ausnahme des Lagerhauses in Mülhausen befinden sich alle Projekte in Laufen, einer flussaufwärts von Dornach gelegenen Kleinstadt an der Birs, etwa zwanzig Kilometer südlich von Basel. Der Standort des Kräuterzentrums liegt außerhalb der Stadt, auf der grünen Wiese. Am selben Ort steht die Produktionsstätte für Bonbons, die von Ingenieuren einige Jahre zuvor – ohne Architekten – realisiert wurde. Ricola war der Ansicht, ein Produktionsgebäude sei eine rein funktionale Aufgabe und könne auf einen ästhetischen Anspruch verzichten. Für das folgende Bauvorhaben jedoch, das für die Verarbeitung der Kräuter vorgesehen war, baten sie um unser architektonisches Mitwirken.

Als unsere primäre Aufgabe sahen wir es, die technisch klar vorgegebenen Abläufe des Sortierens, Trocknens, Mischens und Lagern der Kräuter in einem großen Gebäudekubus effizient und Platzsparend innerhalb einer selbsttragenden Umfassungsmauer unterzubringen.

Diese Logik einer einfachen geometrischen Form musste mit der Rationalisierung der von den Ingenieuren definierten Funktionen in Einklang gebracht werden. Schnell haben wir die Idee einer Wand aus Lehm entwickelt, hergestellt aus der Erde des Standortes. Das war eine technische Herausforderung. Bereits im Jahr 1998 hatten wir dieses Material für das Schaulager vorgesehen, mussten aber angesichts einer Mauerhöhe von zwanzig Metern davon absehen. Lehmbau ist eine Bautechnik, die gewöhnlich in Entwicklungsländern angewendet wird.

Das Kräuterzentrum ist mit seinen 111 × 29 × 11 Metern der größte Lehmbau Europas, vor allem aber ist es das erste zeitgenössische Industriegebäude aus Lehm. Spontan würde man diesen archaischen Baustoff nicht mit Industriearchitektur in Verbindung bringen. Die Materialwahl hat sich aus dem Kontext – aus der Bauaufgabe (Kräuter) und aus dem Ort (Laufen) – wie von selbst ergeben. Wenn nicht hier und jetzt, dann wo und wann? Die Umfassungswand ist buchstäblich aus dem eigenen Boden gestampft worden. Alle Bestandteile des Baumaterials, Bindemittel und Zuschlagstoffe, stammen aus einem Umkreis von weniger als zehn Kilometern. Die Mauer aus vorfabrizierten Blöcken wurde in einer von uns für die Dauer der Baustelle gemieteten Halle hergestellt. Die helleren, horizontalen Bänder bestehen aus härteren Zementschichten, was einer Oberflächenerosion entgegenwirkt. Durch vier riesige Bullaugen fällt natürliches Licht in das Gebäudeinnere. Da der Stampflehm keine Zug-, dafür umso mehr Druckkräfte aufnehmen kann, wirkt die Mauerpartie über der kreisförmigen Öffnung als Druckbogen. Die Eigenschaften des Stampflehms sind der geringe Einsatz von grauer Energie für dessen Herstellung (zehn- bis zwanzigmal weniger als für Beton), der niedrige Verbrauch an natürlichen Ressourcen, die problemlose Entsorgung und das hohe Wärmespeichervermögen, das die Betriebskosten senkt (vgl. die Gabionen-Mauer der Dominus Winery).

(P.d.M., Mai 2013)

Ricola Kräuterzentrum, Laufen, Kanton Basel-Landschaft (Projekt 2010–2013, Realisierung 2013–2014), Juli 2014 [GD]

OBEN UND RECHTE SEITE: Blick auf das Ricola Kräuterzentrum und Innenansichten des Gebäudes, Laufen, Juli 2014 [GD]

Seit dem Projekt für die im Jahr 2000 eröffnete Tate Modern in London hat sich der Aktionsradius des Büros Herzog & de Meuron stetig erweitert. Es hat – abgeschlossene, unterbrochene oder auf ihre Realisierung wartende – Projekte in den Vereinigten Staaten, in Asien (Japan, China, Indien), in Südamerika (Mexiko, Brasilien) und im Nahen Osten (Libanon). Dieser Maßstabswechsel entspricht einer Reflexion über die Stadtplanung, die in den Jahren 1991–1992 durch die bereits erwähnte Studie «Basel, eine Stadt im Werden?» eingeleitet und in Zusammenarbeit mit Rémy Zaugg realisiert wurde. Christine Binswanger, die heute mit Ascan Mergenthaler und Stefan Marbach eine der drei Senior Partner im Büro von Herzog & de Meuron ist, hat sich mit ihrem Eintritt in das Büro diesem Projekt gewidmet: «Im Jahr 1991 hatte ich mit siebenundzwanzig das Studium an der Technischen Hochschule abgeschlossen; von Städtebau hatte ich keine Ahnung. Im Büro waren etwa fünfzehn Architekten beschäftigt. Neun oder zehn Monate lang war dies mein einziges Projekt. Wir waren eine kleine Gruppe von vier Leuten: Jacques, Pierre, Rémy und ich. Ich kam aus Zürich und kannte die Stadt nicht. Wir standen vor den Plänen und sie sprachen von all diesen Orten, die mir überhaupt nichts sagten. Also nahm ich mein Motorrad, sah mir alles an, machte Fotos. Damals war das Bewusstsein für das trinationale Territorium noch nicht sehr ausgeprägt. Der Auftrag ging von einer analytischen Aussage aus: Wie kann sich eine Stadt entwickeln, die an nationale, kantonale und kommunale Grenzen stößt? Wir begannen mit einer Analyse der

physischen und mentalen Grenzen, die die Entwicklung einschränkten. Seit knapp einem Jahr besteht eine Tramverbindung nach Deutschland. Damals war das beinah unvorstellbar. Diskussionen folgender Art wurden geführt: Warum ist es für die Buslinien so einfach, die Grenze zu passieren, und für die Tramlinien so schwierig? Der Bus muss nur passieren, während die Tram einen physischen Eingriff, nämlich das Verlegen von Schienen ins Territorium des anderen, erfordert. Im Gegensatz zum Zug ist die Tram für kurze nachbarschaftliche, alltägliche Strecken bestimmt. Sie radiert die Grenze ein wenig aus. Rémy führte uns zu diesem Ansatz, es ist nicht die übliche Art und Weise, über Urbanismus zu sprechen. Er half uns auch, eine visuelle Sprache für die städtebaulichen Pläne zu entwickeln; wir arbeiten weiterhin nach diesen Prinzipien, wenn auch die Arbeitsmittel – von Siebdruck und Klebefolie hin zum Computer – sich geändert haben.»
Als Entwicklungsareal wurde damals auch das Dreispitzquartier identifiziert, eine weitläufige Fläche von Lagerhäusern und Gewerbebetrieben, die sich an der Südspitze der Stadt, entlang der Schienenwege und am Eingang zum Birstal, in dem das Schaulager Anfang der 2000er-Jahre errichtet wurde, erstreckt. Fünfzehn Jahre später wurde ein neues, wegweisendes Gebäude von Herzog & de Meuron errichtet: Ein Haus mit Büros und Mietwohnungen über einem viergeschossigen Sockel, in welchem die Archive des Büros untergebracht sind. Die Entscheidung, an diesem Ort das «Gedächtnis» des Büros anzusiedeln, ist eine vielsagende Geste.

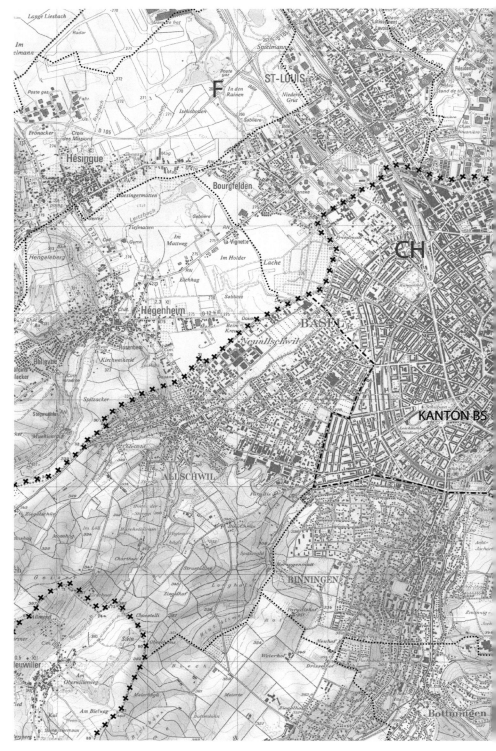

Plan vom Großraum Basel mit nationalen, kantonalen und kommunalen Grenzen und Lokalisierung des Dreispitzareals, 2003

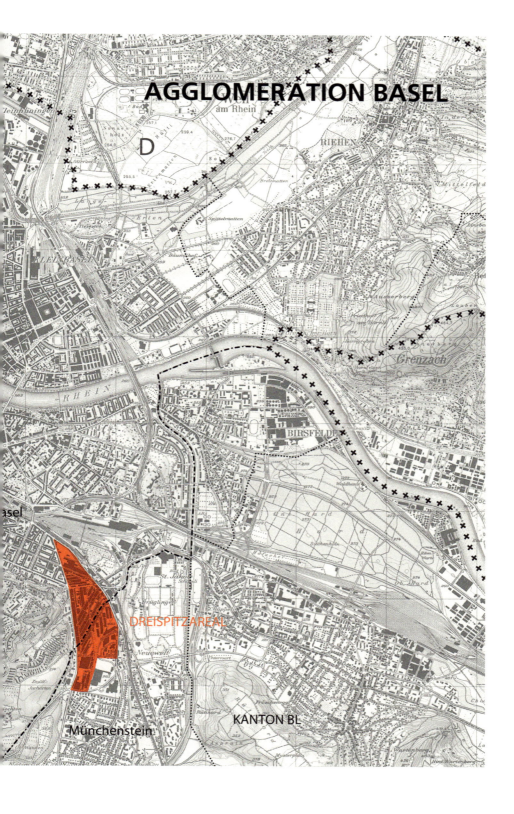

Blick in Richtung Basel-Zentrum vom Helsinki Dreispitz-Gebäude aus, Juli 2014 [GD]

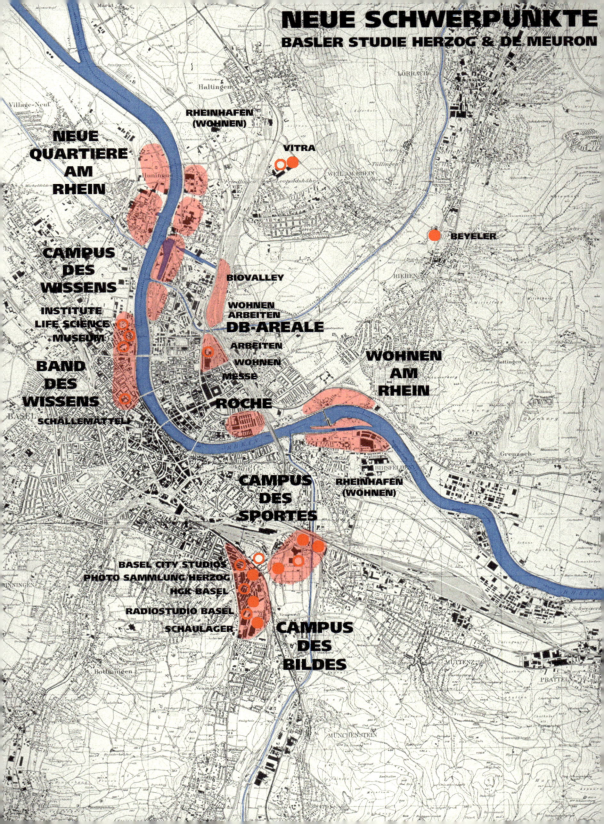

OBEN: Blick auf die Südfassade des Helsinki Dreispitz-Gebäudes, Helsinki-Strasse, Dreispitzareal, Münchenstein, Kanton Basel-Landschaft (Projekt 2007–2013, Realisierung 2012–2014), März 2015 [GD]
LINKE SEITE: «Neue Schwerpunkte», Synthesekarte der städtebaulichen Studie zur trinationalen Agglomeration Basel, 2003

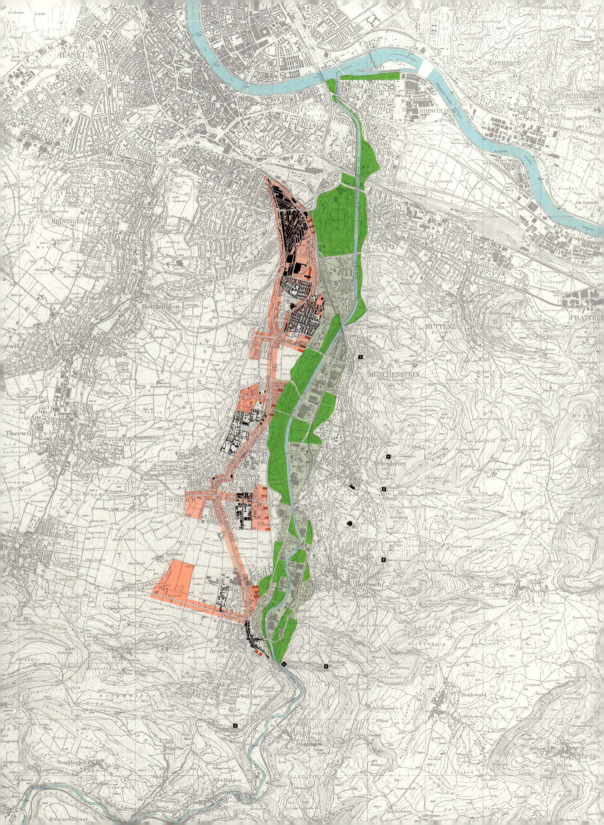

Unsere Konzepte gründen nicht auf frei erfundenen oder nach einer bestimmten städtebaulichen Theorie abgeleiteten Ideen, wie dieses z. B. für die Stadt der Aufklärung oder die Stadt der Moderne (oder die Stadt eines mächtigen Herrschers) der Fall ist. Wir haben keine eigentliche städtebauliche Idee oder eine Absicht a priori; eine solche Idee würde ja auch stets verraten von der politischen, kulturellen und ökonomischen Wirklichkeit der Stadt. Es war auch gar nicht notwendig, eine Idee zu entwickeln, da diese Stadt, d.h. das in der Zukunft mögliche Bild dieser Stadt sich von selbst zeigte, je weiter unsere Beobachtungen und unsere Beschreibungen der vorhandenen städtebaulichen Realität fortschritten. Wir entdeckten die unterschiedlichen Strukturen der Quartiere, welche wie unterschiedliche Kristallisationsformen des Stadtwerdungsprozesses erscheinen. Wir entdeckten die Geleisefelder, die wie ein künstliches Flusssystem den Fluss des Rheins nachzuahmen scheinen. Wir entdecken die in die Seitentäler des Rheins hineingewirbelten, wenig geordneten und auch noch weniger dichten Stadtteile […]. Der zukünftige Raum der Stadt, angelegt in den heute noch undeutlichen Strukturen der Quartiere, Vorstädte und Vororte, trat wie von alleine, beinahe selbstverständlich hervor, so etwa wie sich das Bild auf dem Fotopapier in der Dunkelkammer des Fotografen allmählich abzeichnet. Das Siedlungsbild, das sich abzuzeichnen begann, glich zunehmend dem Bild, welches durch den natürlich vorgegebenen Raum geprägt ist. Der Naturraum begann zu verschwinden und kam in umgewandelter Form, ausgedrückt durch die immer deutlicheren Stadtstrukturen, wieder zum Vorschein.

(Jacques Herzog, Pierre de Meuron, Rémy Zaugg, «Basel, eine Stadt im Werden?», 1991–1992)

LINKE SEITE: Vorschläge für eine städtebauliche Entwicklung entlang des Birstals; Bildtafel entnommen aus der städtebaulichen Studie «Basel, eine Stadt im Werden?», in Zusammenarbeit mit Rémy Zaugg, 1991–1992

Blick auf das Schaulager von der Emil Frey-Strasse aus, Dreispitzareal, Basel/Münchenstein, Kanton Basel-Landschaft (Projekt 1998–1999, Realisierung 2000–2003), März 2015 [GD]

Blick vom Helsinki Dreispitz-Gebäude in das Birstal in Richtung Arlesheim und Dornach, Juli 2014 [GD]

Blick auf das Helsinki Dreispitz-Gebäude, Juli 2014 [GD]

Jacques Herzog und Pierre de Meuron Kabinett, Helsinki Dreispitz: Blick in die Archive des Büros, April 2015 [GD]

Jacques Herzog und Pierre de Meuron Kabinett, Helsinki Dreispitz, April 2015 [GD]. OBEN: In der Vitrine rechts, archivierte Fassadenmodelle für die Erweiterung der Tate Modern (The Tate Modern Project, 2005–2016); auf der Palette dahinter, ein Prototyp für die Fassadenstudie aus Backsteinen für das Projekt des neuen Stadtteils Jindong in Jinhua (China, 2003–2006).
RECHTE SEITE: Modelle des Legohauses (1984–1985) und der Umgestaltung des Marktplatzes im Zentrum von Basel, nicht realisiert (dritter Vorschlag 1985, nach dem im Jahr 1979 gewonnenen Wettbewerb)

Gespräch

Jacques Herzog
Pierre de Meuron
Jean-François Chevrier

Basel, 3. und 4. Juni 2015

Jean-François Chevrier: Ein wenig provokant habe ich im einleitenden Text dieses Buches behauptet, dass die Architektur ein «opportunistisches Gewerbe» sei. Ihr erfindet Formen, die sich in ihrer Gesamtheit an die Öffentlichkeit wenden und – sofern sie über ihre ursprüngliche Funktion hinaus von der Öffentlichkeit in Besitz genommen werden können – von einer Qualität sind, die zu einer gemeinschaftlichen Umgebung beiträgt. Wie Aldo Rossi betrachtet ihr das Monument als eine permanente Form in einem urbanen Kontext, dessen Funktion wandelbar ist. Diese Idee liegt eurer Konzeption des Pekinger Stadions zugrunde.

Jacques Herzog: Ja, heute können wir feststellen, dass das Bird's Nest in postolympischer Zeit wirklich gut funktioniert und für verschiedene Veranstaltungen aber auch einfach als Park für alle genutzt wird. Mit Blick darauf haben wir es konzipiert.

JFC: Aber ihr musstet verhandeln. Ihr hängt nicht von politischen und finanziellen Interessen ab, euch sind nicht Hände und Füße gebunden. Ihr habt euch einen Spielraum verschafft und könnt innerhalb der Rahmenbedingungen dem Programm sogar eine andere Richtung geben. Und doch handelt ihr notwendigerweise in einem vorgegebenen Rahmen, ihr müsst politischen Interessen und wirtschaftlichen Kriterien entsprechen, die nicht unbedingt mit euren übereinstimmen. Der Auftrag für das Stadion in Peking ist hier ein gutes Beispiel, und ich glaube auch nicht, dass euch das sehr kommerzielle Programm von Unibail für den Tour Triangle in Paris vollkommen zufriedengestellt hat.

JH: Als Architekt arbeitet man im Unterschied zum Künstler unter stark vordefinierten Bedingungen: Es gibt ein Thema, ein Programm und einen Ort. In diesem Rahmen können wir es uns nicht erlauben, «opportunistisch» zu sein. Warum? Ein Opportunist ist zu allen Kompromissen bereit, um seinen persönlichen Profit zu sichern. Wir haben eine recht klare Perspektive und Vorstellung vom Potenzial jedes einzelnen Projektes und setzen alles ein, um dieses zu realisieren. Dies machen wir nicht für uns, sondern um den Bedürfnissen der Allgemeinheit gerecht zu werden. Architektur ist dann erfolgreich, wenn sie von den Menschen geliebt, akzeptiert und gebraucht wird und dies über Generationen hinweg. Um dieses Ziel zu erreichen, muss das gegebene Programm oft hinterfragt und überarbeitet werden. Diese Arbeit ist ein Schlüsselmoment in der Genese eines Projektes. Eher als von Opportunismus könnte man von einem taktischen Geschick sprechen.

Pierre de Meuron: Um sich in den immer komplexer und unvorhersehbarer werdenden Zusammenhängen und Planungen zu behaupten, ist es zuweilen angebracht, taktisches Geschick in unser mentales System der

Orientierung und der strategischen Intelligenz einfließen zu lassen. Die Entwicklung eines Projektes verläuft selten frontal und geradlinig wie das Wasser eines kanalisierten Flusses, sondern im Gegenteil mit Gegenströmung, Umleitungen und lateralen Störungen. Progressionen und Regressionen folgen aufeinander, Zweifel weichen Errungenschaften und umgekehrt. Diese gewollten oder unvorhergesehenen Abweichungen können dem Projekt dennoch zuträglich sein. Konfrontiert mit allen möglichen politischen, ökonomischen und kulturellen Realitäten müssen wir auf diese reagieren und handeln, auch wenn sie in ihrer Lesbarkeit selten eindeutig sind. So entwickeln alle am Projekt beteiligten Parteien diesbezüglich ihre eigene Vorstellung. Und genau hier entstehen die zahlreichen Interpretationsunterschiede und deren unvermeidlichen Folgen, die Missverständnisse, Diskrepanzen, Kontroversen, Auseinandersetzungen und Konflikte. In diesen Momenten ist es entscheidend, realistisch zu sein, aber nicht auf eine opportunistische Weise, sondern in der komplexen Bedeutung des Wortes: das heißt, die Unberechenbarkeiten und die Vieldeutigkeit des Projektes zu verstehen und gemeinsam Strategien zu entwickeln – ähnlich wie bei den japanischen Kampftechniken. Es geht darum, rechtzeitig die Möglichkeiten zu erfassen, die nicht schon zu Anfang entdeckt worden waren, und diese in den Dienst des Projektes zu stellen. In diesem Rahmen würde ich von Opportunitäten sprechen.

S. 12
JH: Nehmen wir das Beispiel Roche. Haben wir aus Opportunismus akzeptiert, ein neues, einfacheres, weniger ikonisches Projekt zu entwickeln, das sich mehr in die Tradition der modernistischen Sprache, die den Standort von Roche in Basel charakterisiert, einschreibt? Der Opportunist wäre zufrieden, ganz einfach Häuser bauen zu können. Im Fall der Projekte für Roche geht es aber darum, zu überdenken, was sich außen
S. 232 herum befindet: ein neuer, stark bewegter Boulevard, ein neuer Park, eine neue Beziehung zum Rhein.

S. 13
JFC: Pierre berichtete am 10. August 2010 von diesem Projekt, dass es der Kunde einfacher haben wollte – und dass es ungeachtet einer ersten Enttäuschung bei euch letztendlich dadurch besser geworden ist. Könnt Ihr das genauer erklären?

PdM: Alle stimmen in der Meinung überein, dass die erste Planung – zumindest auf den ersten Blick – innovativer, einfallsreicher war. Aber schließlich ist Innovation nicht das einzige und alleinige Kriterium. Der Bauherr fand sich in dieser zu auffälligen Form nicht wieder. Der Verwaltungsratspräsident von Roche wollte sein Unternehmen nicht durch ein Gebäude repräsentiert sehen, das in seinen Augen zu spektakulär schien; er wollte etwas, was «bescheidener», «zurückhaltender», «klassischer» war, so seine Worte. Der Bauherr griff auf einer ästhetischen Ebene ein, die für gewöhnlich dem Architekten vorbehalten ist. In diesem Fall stellte sich jedoch heraus, dass er recht hatte. Sich der Meinung des Bauherrn anzuschließen, war hier nicht Opportunismus, sondern opportun. Wäre der Turm nach unserem ursprünglichen Entwurf gebaut worden, wäre er zwar eine innovative, schöne und komplexe Form gewesen, aber auch ein Solitär geblieben. Umgeben von Gebäuden, die einfachere Geometrien aufweisen, hätte er sich schlecht in seine Umgebung integriert. Seine Form wäre nur schwer deklinierbar gewesen und hätte in der laufenden urbanen Entwicklung von Roche nicht so gut funktioniert.

JH: Der Gesamteindruck des neuen Turms erinnert an die Nachkriegsmoderne. Die horizontalen Bänder gehören zum Vokabular der 1960er- und 1970er-Jahre. Diese konventionelle, zugleich einfache und ikonische Form ist gewollt. Der Urheber, d.h. der Architekt tritt in den Hintergrund. Im Inneren bilden die Skylobbys offene Räume über drei Etagen, die sich übereinanderlegen. In diesem sehr innovativen Punkt führten wir das erste Projekt mit einer noch klareren Haltung fort: Von nahezu jeder Etage lässt sich eine Außenterrasse erreichen. Dieser Aspekt des Innenlebens des Turms ist letzten Endes bedeutender und radikaler als die Form der ersten Version, die zwar ikonischer, räumlich gesehen aber weniger innovativ als die gebaute Version war. S. 12, 98-99, 126-127

Wir wussten, dass sich der Standort Roche verändern würde, wir wussten aber nicht, in welcher Dimension, mit welcher Dichte: das ganze Projekt schafft einen urbanen Maßstab jenseits bisheriger Kategorien in der Schweiz. Unter anderem soll ein Gebäude entstehen, das höher sein wird als der aktuelle Turm. Wir haben uns immer für eine Verdichtung entlang des Rheins ausgesprochen. Das Roche-Projekt schafft genau diese Verdichtung am Fluss – und ist auch deshalb sehr wichtig für uns. Beim Durchsehen all der kleinen Broschüren, die wir im Laufe der Jahre zu den verschiedenen Projekten erstellt haben, erkannten Pierre und ich, dass wir dabei waren, die Kontrolle zu verlieren, dass wir unsere eigenen Konventionen anwandten, ohne sie im Kontext der Stadt zu überdenken. S. 124-125

Bei dieser Zusammenarbeit mit Roche war immer klar, dass die neuen Gebäude die Arbeit von Otto Salvisberg, der den ersten Masterplan in den 1930er-Jahren entworfen hatte, und von dessen Schüler Roland Rohn, der diesen in den 1950er-Jahren weiterentwickelte, fortschreiben und aktualisieren sollten. Der moderne Traditionalismus von Salvisberg ist das bauliche Fundament dieses Roche-Standorts in Basel. Der grundlegende Masterplan mit seinen quadratischen Häuserblöcken ist gegeben. Jedoch sind Dichte und Höhe der Gebäude, die in den kommenden zehn Jahren entstehen werden, einzigartig in Basel und der Schweiz. Der Rahmen des Masterplans war unzureichend, es musste eine Architektur in der Dimension einer Metropole entworfen werden: Das ist eine neue Topographie, die aus dem Zentrum der Stadt entstehen wird.

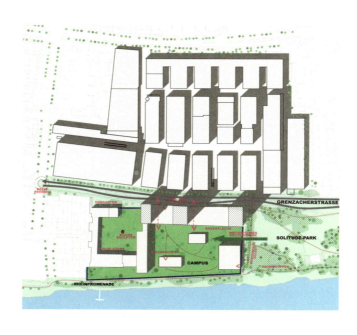

OBEN: «Grünraumerweiterung», Grafik entnommen aus der städtebaulichen Studie zum Roche-Areal, Basel, 2001–2005
UNTEN: Skulptur von Peter Fischli und David Weiss, *Rock on Top of Another Rock* (2015), auf dem Vorplatz des Roche Bau 1, Roche-Areal, Grenzacherstrasse, September 2015 [PDM]

PdM: Zu Beginn der 2000er-Jahre hatte uns die Roche-Firmenleitung gebeten, einen neuen Masterplan für die Gesamtheit des Standortes zu entwickeln und die Situierung von Bau 1 vorzunehmen. Eines der Gebäude war baufällig und zum Abriss verurteilt. Wir definierten den Südstandort als «Corporate», den Nordstandort als «Pharma». Dabei haben wir die Gesamtheit des Quartiers berücksichtigt, über den Standort Roche im engeren Sinn hinaus. Es erschien uns eindeutig, dass die Arbeit in der Kontinuität des Solitude-Parks erfolgen musste, der neben dem Tinguely-Museum an der Straße entlangführt. So setzt sich der Park nun auf dem Gebiet des Roche-Areals fort, erhält an dieser Stelle den Namen «Garten» und geht in den Boulevard über, der erweitert wurde und auf dem zahlreiche Pflanzungen erfolgen sollen. Wir haben versucht, öffentlichen Park, Straße und Gebäude zu einer Einheit werden zu lassen. In der Anfangszeit hatte der Bauherr Vorbehalte, in den öffentlichen Raum zu investieren. Auch der Kantonsarchitekt war dagegen, er bevorzugte eine klassische Allee mit aufgereihten Bäumen.

Die Grenzacherstrasse, die den Standort durchzieht, folgt ab der deutschen Grenze dem Verlauf des Rheins, durchquert, nachdem sie die wichtige transeuropäische Nord-Süd-Achse gekreuzt hat, das Roche-Areal und erstreckt sich längs der Firmengebäude. Roche hätte, ebenso wie Novartis, darum bitten können, diese in den eigenen Standort zu integrieren und den Verkehr umzuleiten. Wir haben ihnen jedoch im Gegensatz dazu vorgeschlagen, die Grenzen des Areals um einige Meter nach innen zu verschieben. Der Standort bleibt deswegen aus Sicherheitsgründen geschlossen und doch setzen die drei für den Straßenraum gewonnenen Meter alles frei. Die Gebäude stehen nun im öffentlichen Raum – eine kleine Geste großer Tragweite.

S. 128-131, 135

Der Bauherr wurde überzeugt, kleine grüne Inseln anzulegen. Außerdem haben wir gesehen, dass es eine urbane Sequenz gab, die durch Skulpturen akzentuiert wurde. Sie bestand bereits zum Teil, wir verstärkten sie substanziell: Die neue Plastik von Fischli und Weiss am Fuße des Turms, unter der Auskragung, ist eine Antwort auf die Plastiken von Tinguely und Bernhard Luginbühl in unmittelbarer Nähe des Musée Tinguely, sowie auf jene von Henry Moore und Hans Arp im Garten des historischen Firmensitzes von Hoffmann-La Roche, die von der Straße aus sichtbar sind. Die Straße wird zu einem Weg, der einen Park durchzieht.

Diese Wahrnehmung geht auf unsere erste Intervention auf dem Roche-Areal im Jahr 1995, den Bau 92, zurück. Bereits zu dieser Zeit wurde uns bewusst, dass die Grenzacherstrasse mehr als eine einfache Infrastruktur war, die den Standort durchzieht, ihn in zwei Teile zerschneidet und in sich das Potenzial eines öffentlichen Raumes trägt. Das Programm des Laboratoriums umfasste ein Café, eine Bibliothek, ein Auditorium und dessen Foyer. All diese Programmelemente waren jedoch für das Innere des Areals vorgesehen. Wir schlugen unserem Auftraggeber eine Rochade

S. 129-139

233

vor: mit dem Turm den König zu schützen, wie beim Schach! Statt der Straße den Rücken zuzukehren, orientierten wir die gemeinschaftlichen Flächen wie eine Vitrine zur Straße hin, um dem Gebäude eine lebendige Front zu verleihen.

JH: Die Stadt, das ist die Straße; und die Straße, das sind Geschäfte, Restaurants, Bars, sogar in der Schweiz, die ja nicht gerade urbanes Leben versprüht. Zwölftausend Menschen werden auf dem Roche-Areal arbeiten, das entspricht der Bevölkerung einer ganzen Kleinstadt. Der Standort des anderen großen Pharmaunternehmens, Novartis, umfasst ein komplettes Ensemble an Einrichtungen für das alltägliche Leben des Personals: Geschäfte, Reinigungen, an die zehn hochklassige Restaurants. Doch der Standort ist nach außen hin geschlossen. Unser Ziel war es, Roche in Tuchfühlung zur Stadt zu bringen und die Einrichtungen der Straße näher heranzuholen. Heute stehen die Gebäude an der Straße; die Absperrungen, die die Gebäude säumten, sind verschwunden. Die Gebäude selbst definieren die Grenze. Durch diese einfache Geste konnte eine Kontinuität zwischen Architektur und städtischem Raum wiederhergestellt werden. Eine plastische Geste: Der Sockel der Statue wurde entfernt, die Statue wurde auf den Boden des Alltagslebens gestellt.

PdM: Zudem haben wir von Anfang an das Konzept vorangetrieben, einige bestehende Gebäude zu erhalten. Um eine spätere Einmischung zu vermeiden, lehnt Roche zwar jeden offiziellen Denkmalschutz ab, hat aber nichtsdestoweniger die Idee einer Konservierung bestimmter historischer Schichten übernommen, um seine kulturelle Identität zu wahren. Nachher hat sich herausgestellt, dass diese Überlegung bei den Verhandlungen mit der Stadt hinsichtlich der Abgrenzung und Qualifizierung der öffentlichen Räume sowie weiterer urbaner und architektonischer Elemente des Projektes von hoher Relevanz war.

JFC: Wir, Élia Pijollet und ich, bewundern das in Zusammenarbeit mit Rémy Zaugg entstandene Projekt wirklich sehr. Es hatte uns davon überzeugt, dass die Farbe einen außerordentlichen Einfluss auf die Definition von architektonischem Raum, zwischen Innen und Außen, privatem und öffentlichem Raum hat. Das Gebäude öffnete sich zur Stadt, während es zugleich seine räumliche Autonomie bewies. Dieses Gleichgewicht ist ein Schlüssel für all die Architektur, die zugleich Refugium, ein «urbanes Element» im Sinne Aldo Rossis und ein Ort, der sich um sich selbst dreht, sein muss. Aus diesem Grund stellt das Museum einen exemplarischen Fall dar, was ihr in dem Erweiterungsprojekt des Musée Unterlinden in Colmar demonstriert; es wird wie ein Schmuckkasten für den Altar von Matthias Grünewald und die komplementären Sammlungen sein, eine Wandelhalle, die heterogene Gebäude aus ganz verschiedenen historischen Abschnitten vereint. Das Projekt ist aber auch ein Element zur Requalifizierung der Stadtlandschaft, der an dieser Stelle sehr zugesetzt worden war. Operationen dieser Art, bei denen urbaner Eingriff und Formfindung des Gebäudes gleich wichtig sind, setzen besondere Bedingungen voraus. Ihr betont oft, dass die Rolle des Auftraggebers ein entscheidender Faktor im Prozessablauf ist und die Mehrheit eurer guten Projekte von einem Dialog mit dem Auftraggeber profitiert hat.

JH: Viele dieser Projekte sind sehr präsent: Tate, der Prada-Store in Tokio, das Weingut Dominus ... Die Bauherren waren anspruchsvoll und einfühlsam. Im Fall Roche hat die Unternehmenskultur eine wichtige Rolle gespielt. Rückblickend lag die Ablehnung des ersten Projektes klar auf der Hand. Auf jeden Fall zeichnet sich die ideale Beziehung zum Bauherrn nicht durch einen Freibrief, sondern vielmehr durch ein «radikales» Experiment aus, welches dazu dient, das Wissenspotenzial beider Seiten auszuschöpfen. S. 252

JFC: Ihr habt erklärt, dass der Verwaltungsratspräsident von Roche recht damit hatte, euren ersten Entwurf für den Turm, die Spiralform, abzulehnen. Er folgte der Logik seines Unternehmens, die sich an einer wünschenswerten Entwicklung des Standortes und der Stadt im Allgemeinen orientiert. Letzten Endes habt ihr euch – ebenso wie mit dem Bürgermeister von Colmar – auf das verständigt, was im urbanen Sinn richtig und angemessen ist.

PdM: In Colmar war es anders, da sich hier die «Entente» zwischen Architekt und Bauherr auf der Grundlage einer Entscheidung vollzog, die von der Jury in einem öffentlichen Wettbewerb getroffen wurde. Im Fall Roche handelt es sich um einen direkten Auftrag, das heißt, der Bevollmächtigte entschied sich bewusst für einen Architekten und nicht einen anfänglich anonym eingereichten Entwurf.

JH: Offen gesagt, ergaben sich Schwierigkeiten beim Projekt des Spiralturms. Die Form hatte sich schlecht entwickelt, das Gebäude war zu sehr aufgebauscht, irgendwie ähnelte es einer Wurst. Wäre es so gebaut worden, hätten wir später, wo es galt den zweiten Turm zu entwickeln, wiederum eine Spiralform erfinden müssen. So aber fügt sich das aktuelle Projekt für Bau 2 in sehr viel einfacherer und angemessenerer Weise in S. 12 die Basler Stadtlandschaft. Wir werden ein zweites, höheres Gebäude errichten, das der Formsprache Pyramide von Bau 1 entspricht. Mit dem ersten Projekt hätten wir einen spektakulären skulpturalen Effekt erzeugt, à la Schanghai, Abu Dhabi, Dubai. Aber Basel mit seiner protestantischen Prägung besitzt eine andere Tradition. Der spektakuläre Aspekt hätte, zumindest anfangs, sicher gefallen, aber auch zu der Kritik führen können, dass dies dem Geist der Stadt fremd sei. Wie will man es wissen?

Visualisierung der urbanen Einbindung des neuen Musée Unterlinden, Colmar (Wettbewerb 2009, Projekt 2010–2014, Realisierung 2012–2015)

Jedenfalls ist es Ziel des aktuellen Projektes, eine neue Topografie, ein neues Bild zu schaffen. In gewisser Weise bestätigt dies unsere Idee, dass Städte «spezifisch» sind und keinesfalls «generisch» – wie es im Zuge der Globalisierungsdebatte etwas voreilig behauptet wurde.[1]

JFC: Kurz gesagt: Manchmal bringt erst der Dialog mit dem Auftraggeber eine Qualität zum Vorschein, die der Situation und den soziokulturellen Umständen des Projektes entspricht. Das entscheidende Konzept eines Projektes kann sehr schnell entstehen. Im Fall des Roche-Projektes aber setzte sich die Lösung entgegen der ursprünglichen Planung durch. Auf der Basis von Tradition und Wissen, die sich eingegraben haben im Territorium, also im geografischen Gedächtnis, gab der Geldgeber die Richtung vor. Muss man von tatsächlichen Gegebenheiten oder eher von einer objektiven, vom Genius Loci abhängigen Qualität sprechen, die sich allen Beteiligten des Projektes aufdrängt?

JH: Wir lassen unsere Gebäude ja nicht nur für sich dastehen, sondern äußern uns auch dazu – d.h. es gibt eine «verbale» Seite der Architektur von HdM, wie die zahlreichen Texte, Gespräche, Essays et cetera belegen. Wir sprechen über das, was wir machen und möchten dieses auch auf den Tisch bringen, um offen und vorurteilsfrei darüber zu debattieren. Immer wieder betonen wir die unmittelbare physische Seite von Architektur. Doch die Architektur besitzt auch eine intellektuelle Seite in dem Sinn, dass sie Ausdrücke, Ideen hervorbringt, die sich aus der konkreten Realität eines Projektes erklären. Je mehr man darüber spricht, umso mehr Elemente und Details treten zutage, die zum Verständnis und der Definition dessen, was man macht, beitragen können. Auch bei der Klärung und Definition von Begriffen, so wie wir eben vorhin versuchten, den Begriff «Opportunismus» zu klären, den Du ein wenig leichtfertig vorgebracht hast. Über den Sinn von Worten lässt sich unendlich debattieren; werden sie aber mit Blick auf konkrete Projekte hinterfragt, nähert man sich ihrem Sinn. Es ist interessanter, die Projekte zu analysieren, um Worte und Begriffe zu definieren, als umgekehrt.

PdM: Um die Frage der Objektivität einzukreisen, würde ich sagen, dass im Fall Roche nach und nach eine Verständigungsgrundlage gefunden wurde. Der Verwaltungsratspräsident von Roche brachte immer das Erfordernis von Rationalität zum Ausdruck: Er möchte einer Kette von nachvollziehbaren, klaren Argumenten folgen können, die ihn von A nach Z, bis zur Lösung führen. Er benötigt dies nicht nur als Entscheidungshilfe nach gemeinschaftlicher Beratung, sondern auch um in der Lage zu sein, andere über das Projekt zu informieren, es erklären und kommunizieren zu können. Er möchte und kann niemandem eine subjektive Entscheidung aufdrängen. Ebenso wenig möchten wir nicht nur nach Laune entscheiden. Unsere Entscheidungen müssen eine rationale Basis haben, die deren Kommunikation und, falls nötig, deren Infragestellung erlaubt.

S. 200–201   JFC: Die Kraft des neuen Gebäudes in Colmar mit seinem abgestumpften Winkel, seiner Wandverblendung mit Ziegeln, seiner Art, auf die Kapelle zu antworten, ist das Ergebnis architektonischer Invention. Die Kraft des Projektes jedoch ist urban. Als wir zu Beginn des Wettbewerbs im August 2009 den Standort gemeinsam besichtigten, habt ihr augenblicklich die Notwendigkeit gespürt, das Museumsareal im Dialog mit dem Busbahnhof zu verstehen und eine Passage und einen öffentlichen Raum zwischen den Gebäuden zu inszenieren. In diesem, dem Projekt eigenen Mechanismus besteht eine Analogie zu Roche. Diese urbane, eng an die Innovation von Formen gebundene Qualität erklärt die enthusiastische Zustimmung des Auftraggebers. Ich nenne das Objektivität oder Wahrheit, die Entsprechung zum urbanen Gedächtnis. Das Gebäude ist nicht nur eine morphologische Leistung, es ist darüber hinaus die Freisetzung einer urbanen und somit kollektiven Kraft, mit der man sich identifizieren kann.

JH: Diese urbanen Kräfte, die häufig durch die im Laufe der Jahre wirkenden Transformationen verschüttet wurden, interessieren uns sehr, wie es
S. 225   Projekte seit Beginn unserer Laufbahn, wie jenes für den Basler Marktplatz im Jahr 1979, zeigen. Dieses urbane und architektonische Denken, das die physische Realität und Energie der Städte betrifft, steht aber im vollkommenen Gegensatz zu den Diskussionen, die in den 1980er- und 1990er-Jahren, vor allem in Frankreich, über das Verschwinden von «Realität» stattfanden. Die Ausstellung *Les Immatériaux* von Lyotard im Centre Pompidou war fantastisch, die Übertragung dieser Ideen auf das Gebiet der Architektur aber hatte verheerende Auswirkungen; zahlreiche Architekten fanden sich in einer Sackgasse wieder. Sie glaubten eine neue Architektur schaffen zu können, ohne deren grundlegendsten und banalsten Konditionen zu akzeptieren: Materialität, Realität, Schwerkraft, kurz: ihren Archaismus. Die Anschläge vom 11. September 2001 setzten dem Ganzen ein Ende. Schlagartig trat die Realität als solche und die Fragilität der Städte zurück in das Bewusstsein der Menschen, sie traten mit Gewalt wieder in Erscheinung.

JFC: Ich würde jetzt gerne die Frage der Risiken anschneiden. Oft ist zu hören, dass die Architekten einfach irgendwas machen, dass sie unüberlegt handeln und damit hohe Risiken eingehen, dass sie die Technik nicht hinreichend berücksichtigen. Man könnte beispielsweise der Meinung sein, dass das Bauen einer Galerie unter einem Kanal, wie ihr es in Colmar gemacht habt, ein unbedachtes Risiko ist, was übrigens dem Service des Musée de France sehr missfallen hat. Tatsächlich besteht ein Risiko: Eine absolute Sicherheit, dass kein Wasser eintritt, wird es nie geben.

Doch lässt sich dieses eingegangene Risiko durch die Tatsache rechtfertigen, dass die Galerie für das Projekt und seine urbane Bedeutung unerlässlich ist.

PdM: Du sprichst ein ganz besonderes Risiko Colmars an. Wie ich zuvor erklärt habe, handelte es sich um einen Wettbewerb. Unser anfängliches Projekt sah ein Museum mit zwei Eingängen vor. Wir haben dann aber verstanden, dass die Forderung nach einem gemeinsamen Eingang nicht verhandelbar war. Selbstverständlich hatten wir andere Möglichkeiten erwogen, wie etwa die einer Fußgängerbrücke über die Straße, die sicher auch eine Wirkung auf den öffentlichen Raum des neuen Platzes gehabt hätte. Schließlich haben wir den Vorschlag eines unterirdischen Raumes entwickelt, der die beiden Museumsbereiche nicht etwa als monofunktionaler Korridor sondern in Form einer Ausstellungsgalerie verbindet. Dieser Ausstellungsraum erfüllt die Anforderungen des Programms, das eine zwingende Verbindung der beiden Museumsbereiche festlegt, sodass es – aus einleuchtend ökonomischen und organisatorischen Gründen – nur einen Eingang, eine Kasse und eine Garderobe geben wird. Während der Bauzeit wurde die unterirdische Galerie durch das Hochwasser des Logelbachs überschwemmt. Dieser ärgerliche Vorfall hatte sicher auch sein Gutes: Der Präzedenzfall ermöglichte uns, das Risiko einer Überflutung einzuschätzen und mögliche Lösungen zu entwickeln. Mehrere menschliche Fehler kamen dabei zum Vorschein: Der technische Dienst der Stadt Colmar hätte die Schleuse öffnen und schließen können. Im Übrigen existierte ein elektronisches Kontrollsystem, das nicht funktioniert hat, und so wurde die Baustelle überschwemmt. Zur Minimierung des Risikos haben wir die Situation analysiert, die verschiedenen durchzuführenden Maßnahmen eingeschätzt, um so den unterirdisch gelegenen Museumsbereichen und damit den Kunstwerken größtmöglichen Schutz zu garantieren.

JH: Das sind technische Fragen. Sie können zum großen Teil gelöst werden. Nicht indem man eine totale Sicherheit verspricht, sondern indem man den potenziellen Schaden begrenzt. Ohne jede Wartung würde das Wasser schließlich in die Galerie eintreten, es gäbe auch undichte Stellen im Dach der Kapelle. In den vergangenen Zeiten der von Generation zu Generation vererbten Traditionen von Architekten gab es klare und standardisierte Lösungswege für alle diese technischen Fragen. Es gab wenig Experiment, nur wenig Risiko, dafür umso mehr Wissen und Erfahrung. Eine perfekte Welt der Architektur. Dieser Mythos ist großartig und er stimmt sogar in weiten Teilen. In dieser Idealwelt, diesem Zustand der Unschuld, gründet alles auf Erfahrung, auf der technischen, funktionalen und ästhetischen Erfahrung, niemand strebte danach, etwas anders zu machen. Mit der Industrialisierung und der Modernität tauchte eine andere

Art von Künstlern und Architekten auf. Le Corbusier, Mies van der Rohe und die anderen Protagonisten der Moderne brachen mit der Tradition. Die Qualität des Architekten definierte sich wie die des Künstlers durch die Fähigkeit zur Innovation, durch die Fähigkeit, schöpferisch tätig zu sein, etwas Neues zu schaffen, anders und spezifisch zu sein. Diese Tendenz radikalisierte sich in den vergangenen zwanzig Jahren.

Heute scheint man am Ende dieser Logik angekommen zu sein. Die Vereinigten Staaten bringen seit einer Generation keine Architekten mehr hervor, denn die Mehrheit der Jungen verschwindet in großen Büros. Gesetze und Normen reduzieren die «künstlerische Freiheit» auf ein Minimum, während sie Risiken und Verantwortlichkeiten der Architekturbüros erhöhen.

Angestrebt wird das Nullrisiko, der Innovationsprozess ist zum Stehen gebracht. Dies prägt zugleich das Ende von Innovation und Stararchitektur. Betrachtet man die 1960er-Jahre, den Pop, die sexuelle Revolution, Drogen et cetera, so war dies alles Risiko. Wir, Pierre und ich, haben von dieser Umgebung, diesem Freiraum profitiert und dennoch die Grenzen akzeptiert. Heute können sich die Jungen, selbst wenn sie es wollen, nicht mehr in dieser Weise definieren. Der Zeitgeist hat den Risikowillen ausgebremst. Wie die Authentizität des Terrains so ist auch das kulturelle Klima unverrückbare Realität. Die Tendenz zum Nullrisiko ist ein entscheidender Aspekt und hemmt die Innovation.

PdM: Man muss dabei zwischen verschiedenen Risikokategorien unterscheiden. Es gibt das Risiko, das sich anfangs zwar schlecht erfassen, im weiteren Verlauf aber kontrollieren lässt. In unserem Fall bedeutet dies, ein architektonisches Konzept zu entwickeln, dessen Ergebnis Du nicht kennst. Für uns ist es beinahe Bedingung einer fruchtbaren Zusammenarbeit, dass die Bauherren während der Entwurfsphase bereit und fähig sind, dieses Risiko auf sich zu nehmen. Arbeiten sie mit Herzog & de Meuron, akzeptieren sie in der Phase der Konzeptdefinition einen Moment der Offenheit, einen Moment, in welchem dem Projekt der Spielraum gegeben wird, ein unverhofftes und unerwartetes Potenzial freizulegen. Es scheint mir gerade darin die spezifische Psychologie der Stadt Basel zu liegen, die bewirkt, dass es hier mehr als anderswo Architekturen von Qualität gibt: Einige Auftraggeber sind bereit, ein beträchtliches, aber kalkulierbares Risiko einzugehen. So ist zum Beispiel der Vorstandsvorsitzende von Actelion ein Risiko eingegangen: Er wusste überhaupt nicht, in welchen Gebäudetypus er einziehen würde. Eine Bank oder eine Versicherungsgesellschaft hätte sich diesem Risiko nicht so leicht ausgesetzt. Meiner Meinung nach besteht ein Unterschied dieser Art zwischen Basel (Stadt der Forschung) und Zürich (Stadt der Banken und Versicherungsgesellschaften). Als weiteres Beispiel würde ich Hans Schmidt nennen, der in beiden Städten gebaut hat. In Zürich baute er Vordächer, um Fassaden

und Fenster zu schützen, in Basel tat er das nicht und entwarf eine in sei- S. 162-169
nen Augen klarere Form. Er konnte – ich nehme an im Einvernehmen mit
seinem Bauherrn – mehr Risiko eingehen.

JFC: Der Kapitalismus in seiner jetzigen, neoliberalen Form verursacht
beträchtliche Risiken durch Spekulation, durch endlose Deregulierung,
die die Arbeit zerstört, et cetera. In dem Moment aber, in dem die Verant-
wortlichen diese Risiken eingehen, deren zerstörerische Wirkungen für
die Gemeinschaft (nicht für sie, zumindest nicht für den Augenblick)
beträchtlich sind, will man das Risiko zugleich auf null setzen: Jeder
Zwischenfall muss vermieden, alles auf Normen getrimmt werden. Die
Auswirkungen beider Bestrebungen sind gleichermaßen katastrophal.
Wo positioniert sich der Architekt zwischen diesen beiden Tendenzen?

JH: Wir treiben auf eine zunehmend konventionelle und genormte Welt
zu. Das Risiko neigt dazu, zu verschwinden. Dieselben, die im Geldgeschäft
spekulieren und somit ein maximales Risiko eingehen, die Banken und
Versicherungen, sind diejenigen, die dem Risiko in den Künsten und in der
Gesellschaft ein Ende bereiten wollen. Die Finanzwelt stellt eine immense
Gefahr der Zerstörung dar, ist aber großenteils virtuell und entmateriali-
siert. Die Welt der Architektur hingegen ist archaisch, physisch. Es ist die
Welt, in der wir leben, doch sind die Bedingungen definiert durch die Gesetze des globalen Kapitalismus. Niemand ist zuständig, es gibt niemand,
an den man sich wenden könnte. Die Globalisierung hat eine nahezu
unkontrollierbare Situation geschaffen, sie ist eine Büchse der Pandora.

PdM: Was das Risiko angeht, so ist die Unwissenheit das Schlimmste. Hat
sich das Risikobewusstsein erst einmal entwickelt, muss bewertet werden,
in welchem Grad es sich darstellt und wie die zu ergreifenden Maßnahmen
definiert werden. Auf der Ebene der Konstruktionsweisen und der Details
müssen Nutzung und Haltbarkeit des Materials bedacht werden. Wie geht
man vor, damit dieses Gebäude sich in jener Stadt oder jenem Land an
seine Bestimmung, seine Nutzer sowie an dortige Umweltbedingungen
adaptiert? Was die vom Büro Herzog & de Meuron realisierten Gebäude
betrifft, so ist die Schadensquote sehr gering. Natürlich haben wir für
bestimmte Risiken Versicherungen, Überschreitungen von Kosten und
Zeitrahmen sind aber nicht gedeckt. Glücklicherweise müssen wir diese
nur sehr selten in Anspruch nehmen, sodass unser Büro sogar Beitrags-
rückerstattungen erhält und einen für diese Branche sehr niedrigen Satz
zahlt. Ein organisatorisches Detail zwar, aber das sagt schon etwas aus.
   Gewöhnlich führen wir viele Tests im Vorfeld durch, bauen Prototypen
und Modelle in realer Größe. Für das letzte Projekt mit Ricola haben wir S. 204-207
Lehm als Baumaterial verwendet – in einem für diesen Baustoff unge-
wöhnlichen Maßstab. Für das Schaulager hatten wir bereits eine Kon-

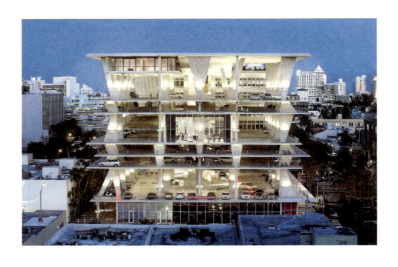

1111 Lincoln Road, Miami: Parkhaus, Geschäfte und Appartement (Projekt 2005–2008, Realisierung 2008–2010)

struktion aus Lehm vorgesehen, das Risiko erschien uns damals nicht annehmbar. In diesem Fall sind wir es eingegangen, haben uns aber mit allen Arten von Tests im Maßstab 1:1 und einer professionellen Unterstützung auf höchstem Niveau so gut wie möglich abzusichern versucht. Das Risiko kann ebenso sehr die Form betreffen: Wahl und Entscheidung für eine Form bergen auch Risiken, die man im Griff haben und akzeptieren muss. Lässt Du Dich von Deinem Geschmack und persönlichen Vorlieben leiten, ist es recht wahrscheinlich, dass das Haus schnell altert und nach einigen Jahren schon aus der Mode gekommen scheint. Der kritische Ansatz kann nur individuell sein, er erfordert aber Prozesse der kollektiven Prüfung.

JFC: Im Laufe eines unserer Gespräche, im Jahr 2006, gab Jacques eine bemerkenswerte, viel beachtete Erklärung: «Es fällt uns schwer zu sagen: ‹Das ist genau die Form, die ich möchte, ohne jeden Zweifel.› Das Ornament hat uns oft geholfen, dieses Hindernis der Form zu überwinden. Als wir die arabische Architektur entdeckt haben, verstanden wir sehr schnell, dass dies ein Mittel war, die Form zu verwerfen oder gar zu unterdrücken. Das Ornament spielt mit dem Zweifel.» Das Hindernis der Form überwinden: In dieser Aussage steckt eine Ambiguität, die ich damals nicht verstanden habe. Zu verstehen wäre «die Schwierigkeit überwinden, eine Form festzulegen» oder auch «die Obsession der Form überwinden».

JH: Beide Bedeutungen bestehen nebeneinander. Tatsächlich fällt es uns zuweilen schwer, eine Form ein für alle Mal festzulegen. In zahlreichen Projekten treten Irritationen in der Oberfläche oder der Struktur auf, die helfen, das Äußere der Form zu definieren, die zugleich aber auch einen Moment der Unbestimmtheit schaffen. Das Experimentieren, dann so eine Oberfläche «in die Tiefe» hinein zu entwickeln, begann sehr früh, tauchte bereits in den allerersten Projekten auf. In den in letzter Zeit entstandenen reineren Formen (Miami, Peking, das Stadion in Bordeaux, Novartis, Ricola ...) sind Oberfläche, Raum, Struktur und Ornament ein und dieselbe Sache. Jedes Element ist strukturell, trägt zur Definition des Raumes bei und kann in der Gesamtwahrnehmung auch als Ornament verstanden werden.

S. 244

JFC: Es scheint mir, dass gute Architekten – wie im Übrigen auch gute Künstler – heute Menschen sind, für die es keine Selbstverständlichkeit ist, der Welt Objekte hinzuzufügen. Sie müssen es aber, einem persönlichen Bedürfnis folgend. Es besteht also eine fundamentale Spannung.

PdM: Nehmen wir als Beispiel das letzte Projekt für Vitra, das Schaudepot. Zu Beginn erklärte Rolf Fehlbaum, dass er keine symbolische, ikonische Form wünsche, kein Haus, das sich durch seine Form definiert. Sein

S. 89

Neues Stade de Bordeaux (Wettbewerb 2010–2011, Projekt 2011–2012, Realisierung 2013–2015)

Wunsch war ein unsichtbares Projekt. Wir erwogen zunächst eine unterirdische, dann eine präfabrizierte Architektur, sozusagen ohne Urheber. Das zwang uns, über diese Frage nachzudenken. Man kann nicht nichts machen: Wenn man vier Wände und ein Dach braucht, müssen sie einen Ausdruck haben, man muss ihnen eine Form verleihen. Wir haben einen Archetypus entworfen, eine der Grundformen der Architektur: vier Mauern, ein Dach mit zwei Schrägen. Die Wahl des Materials und dessen Anwendung – Bruchziegel – definierten die Materialisierung und die ornamentale Dimension. Das gleiche Volumen, aber aus Wellblech gebaut, würde völlig anders wirken.

JH: Le Corbusier war zugleich Maler, Bildhauer und Architekt. Man sagt, er widmete seine Vormittage der Formfindung. Daraus hervor gingen Ronchamp, Chandigarh oder La Tourette: Der Architekt als Schöpfer von Formen. Heute aber erscheint es mir schwierig, in dieser Art vorzugehen. Was tun? Von Anfang an – schon beim Blauen Haus – haben wir begriffen, dass der Archetypus als eine Ausrede gegenüber der Form dienen kann. Für uns war dies eine Entdeckung. Darum betone ich oft, dass wir Konzeptarchitekten sind: Immer ist es das Konzept, das die Form hervor bringt; die Form entsteht nicht aus dem Bedürfnis, skulptural zu arbeiten. Es ist die Reflexion, die die Form entstehen lässt. Ich möchte die Haltung des Bildhauers, der meißelt, modelliert oder zusammenbaut, dennoch nicht ausschließen. Manchmal ist es interessant, den Prozess umzukehren. Nimmt man die reine Pyramide, die bloße Kugel, so greift man auf eine sehr starke Form zurück, mit einem starken Symbolcharakter, ist aber nicht deren Urheber: Man hat sich für diese Form entschieden, sie aber nicht geschaffen. Das realisierte Projekt des Serpentine Gallery Pavilion in London gründete auf der Archäologie, es war eine Ausrede, um keine Form schaffen zu müssen.

S. 87

JFC: Dieser Vorbehalt gegenüber der Form und der formalen Invention ist beinahe ein Gesetz der modernen Kunst. Das ist die Antwort Duchamps auf Picasso. Schon bei Mallarmé heißt es: «Die Natur hat statt, man wird dem nichts hinzufügen; nur Städte, Schienenstränge und mehrere Erfindungen, worin unsere Ausrüstung besteht.» (Musik und Literatur, 1894)[2] Seit dem Ende des 19. Jahrhunderts prägt eine Grundspannung die moderne Haltung: die Abneigung, der bestehenden Welt was auch immer hinzuzufügen, und die Notwendigkeit, dennoch neue Objekte herzustellen (sollte es auch nur neue «Ausrüstung» sein, wie es Mallarmé annahm). Auf dem Gebiet der Architektur dürfte die anthropologische Notwendigkeit die der Zufluchtsstätte sein. Der Unterschlupf wird zum Haus, und wie ihr selbst bewiesen habt, ist die reduzierteste Form des Hauses bereits ein architektonisches Argument.

GESPRÄCH

JH: Der Architekt fügt nahezu immer etwas hinzu. Das ökologische Denken vom «kleinstmöglichen Eingriff» wurde uns in den Jahren 1971 bis 1972 von dem Soziologen Lucius Burckhardt, unserem damaligen Professor in Zürich, gelehrt. Burckhardt war radikal, sein Denken sehr politisch. Dies faszinierte und stieß uns gleichzeitig ab. Uns ist bewusst, dass wir im Laufe unseres Studiums von den zwei sehr gegensätzlichen Einflüssen von Lucius Burckhardt und Aldo Rossi profitiert haben. Genau dieser Ideenkonflikt hat sich im Laufe der Jahre als sehr produktiv erwiesen.

JFC: Der Gedanke, dass es absurd ist, Dinge hinzuzufügen, gewinnt zunehmend an Bedeutung. Der Mensch fügt dem Planeten unaufhörlich Dinge hinzu, die sich auf ihn destruktiv auswirken. Die Überfüllung ist ein Hauptrisiko. Man denke nur an die Lagerung des Atommülls. Derjenige, der sich die Natur als eine dynamische Kraft vorstellt, beobachtet heute, wie der Mensch sich dieser Kraft widersetzt.

PdM: Aber auch ein Vulkan besitzt eine zerstörerische Kraft. Und auch von der Verschiebung der tektonischen Platten geht eine solche Kraft aus.

JFC: De Sade hat tatsächlich das Bild des Vulkans gewählt, um die menschliche Destruktionskapazität, die er gegen die Aufklärung vorbringt, zu veranschaulichen. Diese Destruktionskapazität jedoch ist positiv. Es ist offensichtlich, dass die Zerstörung ein notwendiges Moment des kreativen Prozesses sein kann. Anders verhält es sich mit der Destruktion durch Menschen, die sich an der Anhäufung, der Hinzufügung orientieren. Was heute zerstörerisch wirkt, ist die blinde Akkumulation, die nicht von einem Willen zur Destruktion getragen wird. Ich würde nun aber gerne zurückkommen auf diese Spannung, die mir grundlegend für die moderne Zeit zu sein scheint: Duchamp gegen Picasso. Wie funktioniert dies konkret, auf dieser Basis, bei euch? Ihr habt nun noch beträchtlichere Kapazitäten, um neue Dinge in die Welt zu setzen. Ihr könnt die Physiognomie eurer Geburtsstadt verändern.

S. 209–214

JH: Die Sichtbarkeit eines Gebäudes, wie es der Roche-Turm ist, bedeutet eine große Verantwortung. Jetzt wissen wir, dass es funktioniert. Ehrlich gesagt hätte ich es vorgezogen, die Stadt horizontal weiterzuentwickeln, Richtung Norden mit neuen Quartieren. Das wird eines Tages auch so kommen, doch ich hätte in dieser horizontalen Richtung gerne mehr verändert, als es zurzeit möglich ist wegen der langsamen Entscheidungsprozesse in unserer Demokratie. Auch im Süden, im Dreispitzquartier, haben wir zu neuen Möglichkeiten einer horizontalen Stadtentwicklung beigetragen. Beim Roche-Turm verhält es sich anders. Die Vertikalität des Turms löst das konkrete Problem einer privaten Firma, die einen großen Expansionsbedarf hat, gleichzeitig aber am selben Standort bleiben möchte. Das Projekt ist unmittelbarer Ausdruck dieser Tatsache.

GESPRÄCH

JFC: Ihr habt geschrieben, dass New York und Venedig Städte sind, die zu Landschaften wurden. Das ist genau das, was ihr in Basel mit diesen beiden Projekten gemacht habt: Ihr gestaltet die Stadt wie eine Landschaft; die starken Formen erzeugen Landschaft, die sie schließlich in sich aufnimmt. Das Messegebäude ist ein neues dynamisches Element der Stadtlandschaft. Von der Clarastrasse aus gesehen scheint es wie eine fortlaufende Linie die Stadt zu durchziehen. Es ist eine Erscheinung, eine imaginäre Form, annähernd hallizunatorisch.

S. 120-121

JH: Ich glaube, dass dieser Effekt zur Akzeptanz der außergewöhnlichen Dimension des Gebäudes beigetragen hat. Es wirkt nicht statisch und schwer, eher wie ein vorbeifahrender Zug, an der Stelle des ehemaligen Badischen Bahnhofs. Es ist kein Objekt, das sich vom Hintergrund stark abhebt, kein Objekt in der Landschaft, eher zugleich Form und Landschaft. Ein neues Stück urbaner Landschaft.

S. 122-123
S. 46-47, 112, 114-119

JFC: Mir scheint, dass auf dem Dreispitz etwas Ähnliches passiert. Das Gebäude ist sehr überraschend. Ein geschnittener Block mit einem immensen Sockel, der die Archive des Büros in sich aufnimmt. Die Form ist stark, sie widerspricht zahlreichen aktuellen Elementen des Standortes, ist aber nicht aggressiv. Warum?

S. 215, 222-225

PdM: Es ist ein Quartier von Lagerhäusern, Speditionen, Industrie- und Handwerksbetrieben. Maßstab und Charakter unterscheiden sich von denen eines klassischen Quartiers, welches Wohnungen, Büros und Geschäfte vereint. Das ist die Welt der Schwerlast und der Eisenbahn. Das Gebäude verbindet zwei Welten miteinander: die industrielle, logistische Welt mit der Welt des Wohnens. Wir beweisen, dass dies möglich ist, und wetten, dass das Quartier sich in dieser Form weiterentwickeln wird. Der Beton könnte aggressiv wirken, dem ist aber nicht so. Ich denke, dass dies zum Teil auf die Kurve zurückzuführen ist, die die Parzelle beschreibt.

S. 212-213, 220-221

JFC: Das Gebäude präsentiert sich wie ein Sockel, auf den etwas gesetzt wurde: kein blindes Objekt, das einfach als solches präsent ist, wie eine Skulptur von Tony Smith. Eine figurative Komponente, die im Zusammenhang mit der weiten umgebenden Landschaft wie eine Spiegelwirkung derselben erscheint. Dann stellt sich die Frage, was sich im Sockel befindet. Man fragt sich umso mehr, als man sich in einem Lagerhausgebiet befindet. Ein einfaches Lager kann dies nicht sein, aber sieht es etwa eher nach Wohnungen aus? Dieses Rätsel, die Frage nach dem Inneren, stellt eine Beziehung zwischen Mensch und Gebäude her. Wie die Messe ist es auch hier letzten Endes das Beispiel einer ausdrucksstarken Form, die sich in der Landschaft auflöst.

Sport- und Freizeitzentrum Arena do Morro, Mãe Luíza, Natal, Brasilien (Projekt 2011–2012, Realisierung 2012–2014)

GESPRÄCH

PdM: Der Sockel ist nicht komplett fensterlos, einige Fenster bilden eine Beziehung zwischen Innen und Außen und verhindern eine zu imposante oder monumentale Wirkung des Gebäudes. Verzerrungen, die schwer zu erfassen sind, erschweren das Fotografieren oder Skizzieren. Der Käfig der oberen Partie, wenn man das so nennen kann, weist eine andere Geometrie als der Sockel auf. Hier kommt die Kurve ins Spiel, vor allem vereint sie sich mit einem zu den Süd- und Nordseiten geneigten Wandstück.

JFC: All diese Anmerkungen führen uns zu der Frage des Wohnungsbaus. Ihr habt den sozialen Wohnungsbau der 1920er- und 1930er-Jahre, im Besonderen in Basel, analysiert. Diese Architekten wollten eine (hochwertige) Architektur für alle gestalten. Pierre sanierte ein Haus von Hans Schmidt, bewohnte es auch. Ihr baut aber keine Sozialwohnungen. Warum nicht? S. 156-185

S. 170-175

JH: Der soziale Wohnungsbau ist in fester Hand von Investoren. Die Konfiguration des Auftrages, den wir im Jahr 1996 für Sozialwohnungen in Paris erhielten, war derjenigen der 1920er- und 1930er-Jahre recht verwandt, weshalb wir einen gewissen Freiraum hatten, einen wirklich schönen und erschwinglichen Ort zum Wohnen mitten in Paris zu schaffen. Investoren sind sonst aber nur bereit, uns für Prestigewohntürme zu bezahlen, da sie die Handschrift der Architekten nutzen, um Luxusprodukte zu verkaufen. Der soziale Wohnungsbau betrifft aber Menschen, die kein Geld haben. Wir wurden in eine Welt der ikonischen Architektur gestoßen. Die ikonische Architektur entspricht der zunehmenden Bedeutung des Investors als Hauptakteur globaler architektonischer Produktion. Wir sind dennoch dabei, einige kleine Wohnungsprojekte zu realisieren, wie in Uster, nahe Zürich, in einem Park. Das Gebäude besteht aus mehreren Appartements, die für die Mittelschicht bestimmt sind. Getragen wird das Projekt von einem privaten Investor, einer Privatperson. Dieser Rahmen lässt Spielraum für Kreativität. S. 20, 165

PdM: Kehren wir zu der Frage des Risikos und der Innovation zurück: Auf der Ebene des sozialen Wohnungsbaus ist die Innovation gleich null, insbesondere hier, in der Schweiz, wo es keine vorgeschriebene Quote gibt, wie beispielsweise in Großbritannien. In Basel befindet sich der überwiegende Teil an Wohnungen mit gemäßigter Miete in Gebäuden des 19. Jahrhunderts. Aufgrund dieser Tatsache gibt es hier keine Sozialwohnungen. Zudem ist der soziale Wohnungsbau besonders in Frankreich, aber auch in anderen Ländern, gänzlich reglementiert. Die Tür, die Deckenhöhe, die Anzahl der Duschen, der Toiletten, alles ist vorgegeben, erstarrt, es gibt keinen Handlungsspielraum mehr.

Voltaplatz, Basel, Juni 2015 [GD]

JFC: Ihr könnt also das Erbe nicht übernehmen: Ihr könnt diese Architektur betrachten, darin wohnen, wie es Pierre gemacht hat, sie von Nahem studieren, der Bruch zu dieser Tradition aber bleibt. Das ist traurig.

PdM: Im Norden Brasiliens haben wir gemeinsam mit einer Schweizer Stiftung in Natal eine Struktur inmitten einer Favela gebaut. Die Schaffung dieses Ortes der Begegnung wurde von uns subventioniert. Es stimmt, wir suchen nicht aktiv nach sozialen Projekten; das könnte man uns vorhalten. Würde uns aber angeboten, Sozialwohnungsbau in ähnlicher Weise zu entwickeln, würden wir sicher annehmen.   S. 24

JFC: Städtebaulich ausgedrückt: Es geht vielleicht vor allem darum, Dichte und Leere zu verbinden. Es handelt sich darum, Räume zu schaffen, die atmen, die sich öffnen, und Barrieren aufzuheben. In Ermangelung sozialer Wohnbauten könnte sozialer Raum entstehen, Löcher im urbanen Gefüge, Offenheit, namenlose Räume. Ich denke zum Beispiel an den Voltaplatz in Basel, in der Nähe des Büros, der ein sehr lebendiger Platz ist zwischen der etwas in Mitleidenschaft gezogenen Stadt und dem Novartis-Areal.

PdM: Es ist bemerkenswert, dass dieser Platz Deine Aufmerksamkeit auf sich zieht und ich stimme Dir zu, dass es wichtig ist, in auch noch so verdichteten Städten unerwartete, ungeplante Plätze, denen keine Funktion zugeteilt wurde, zu erhalten.

JFC: Das entspricht einer Thematik von «geschlossen» und «offen», innen und außen, die omnipräsent in eurer Architektur ist und die, wie es mir scheint, sich mit dem Vorbild der Natur verbindet. Ihr habt zunächst das Beispiel der kristallisierten Form interpretiert, die an die romantische Inspiration Beuys erinnert. Verbunden habt ihr diese Arbeit mit dem Erforschen der Oberfläche als Haut, die eher auf ein gemaltes Bild verweist. Nun ist die Haut aber keine Oberfläche, die über ein Inneres gelegt wird, sie charakterisiert den zu schützenden Raum und setzt einen Austausch mit dem Innen voraus.   S. 80–86

JH: Das Steinhaus in Ligurien war bereits eine Architektur, in der Innen und Außen eng miteinander in Verbindung stehen. Leider haben wir kaum Fotos vom Innenraum. Die vierteilige Raumkomposition ohne dienende und bediente Räume widerspiegelt das Außen. Auch beim Blauen Haus ist der Innenraum sehr stark herausgearbeitet, wie ein Möbel. Das Bewusstsein, dass das Innen genauso interessant und wichtig ist wie das Außen, war von Anfang an vorhanden, doch erhielten wir erst spät entsprechende Möglichkeiten.   S. 94–95   S. 87

Turbinenhalle, Eingangshalle der Tate Modern, London (Wettbewerb 1994–1995, Projekt 1995–1997, Realisierung 1998–2000)

GESPRÄCH

Es ist wahr, dass wir heute für unsere Arbeit mit der Oberfläche bekannt sind. Ich kann auch nicht leugnen, dass wir mitunter das Außen bevorzugt haben. Ein wirklich spektakuläres Gebäude dieser Art ist das erste Lagerhaus für Ricola. Zum Inneren hatten wir gar nicht wirklich Zutritt: Das Lagerhaus war vollständig automatisiert, alles geregelt gemäß technischen Parametern. Wir hatten nur die Außenhülle zu konzipieren, da all die industrielle Maschinerie und das ganze innere Funktionieren bereits durch Ingenieure vorgegeben waren. Sie ließen uns diese Hülle entwickeln, die aber mehr als eine einfache Haut ist; sie ist eine minimale Skulptur. Dabei haben wir die unglaubliche Qualität des Standorts entdeckt. Ich weiß nicht mehr, zu welchem Zeitpunkt uns bewusst wurde, dass der Raum, den wir schaffen wollten, sich nicht im Inneren, sondern außen befand. Er war die Distanz zwischen Lager und Felswand. So konnten wir einen Raum schaffen, der für alle erfahrbar wurde, ohne das Gebäude zu betreten.

S. 202–203

PdM: In der mittelalterlichen oder klassizistischen Stadt tragen die Fassaden, trägt das Äußere der Gebäude dazu bei, die «inneren» Räume der Stadt zu bilden: die Straßen, die Plätze. In der Regel ziehen wir diese traditionellen Räume den offenen Räumen, die in alle Richtungen führen, vor.

JFC: Für den Menschen ist es sehr schwierig, sich vorzustellen, sich in einem Raum zu bewegen, und zugleich daran zu denken, dass er selbst eine Körpermitte, einen inneren Raum, besitzt. Die Architektur kann beide Register ziehen.

JH: Gerade dies macht die Architektur im Vergleich zu der Skulptur, die ja traditionellerweise nicht raumhaltig ist, zu einer interessanten Kunstform, für die sich auch die Künstler interessiert haben. Du erwähntest den Voltaplatz, einen urbanen Raum, der schwer zu bestimmen ist und dessen Charakter zum Teil dieser Undefiniertheit zuzuschreiben ist. Ich bin mir aber sicher, dass sich die gleiche Wirkung auch mit einem traditioneller definierten urbanen Raum erzeugen lässt. In den Stadtzentren sind die schönen, alten Plätze oft leblos oder durch hässliche Einrichtungen und Designelemente entstellt.

S. 250

Bis jetzt haben wir letztlich kaum in das historische Zentrum Basels eingegriffen. Seit einigen Monaten arbeiten wir an einem Projekt, das uns am Herzen liegt, da es sich auf den Standort bezieht, den wir 1974 als Thema unserer Diplomarbeit gewählt hatten: den Barfüsserplatz im Zentrum der Stadt. Es handelt sich um das Stadtcasino – ein Musiksaal aus dem 19. Jahrhundert – auf dem Barfüsserplatz. Unser Eingriff an diesem Musiksaal – zugleich Zerstörung und Simulation – wird neue und unerwartete Räume öffnen. Die Realisierung des Projektes legt ein neues urbanes Potenzial frei und lässt in Zukunft bis dahin unsichtbare Orte auf diesem Platz inmitten der Stadt erkennen. Diese urbane Geste wird vergleichbar sein mit jener für das Projekt des Unterlinden-Museums in Colmar.

S. 70–75

S. 236–237

GESPRÄCH

PdM: Die erste Geste ist eine Ausrichtung des Konzertsaaleingangs, der zurzeit auf eine angrenzende Straße führt, auf den Platz. Die Konfiguration ähnelt ein wenig der des Roche-Areals, bei dem wir den Eingang und die lebendigen Orte zur Straße hin ausgerichtet haben.

JFC: Ihr arbeitet auf sehr verschiedenen Maßstabsebenen. Das Innen wird im Allgemeinen mit Intimität verbunden. Mit dem Projekt der Tate Modern aber habt ihr ein gewaltiges, monumentales Inneres geschaffen, das der Wirkung des Gebäudes in der eher chaotischen Landschaft des Themseufers entspricht.

JH: Das Projekt der Tate Modern war für uns ganz entscheidend, es führte uns dazu, voll und ganz im Maßstab der Stadt zu arbeiten. Die wahre Qualität des Projektes ist die Schaffung eines Innenraumes von urbanem Maßstab, die Turbinenhalle, die im Wettbewerbsprogramm nicht vorgesehen war. Wir haben uns dafür entschieden, diesen Raum auszuhöhlen, ihn vollständig freizulegen, um ihn als solchen wirken zu lassen und zu nutzen wie eine immense Eingangshalle, die auch erster Ausstellungsraum sein würde.

Das Projekt der Tate Modern machte uns klar, dass man bei einem Monument dieser Sichtbarkeit und dieser urbanen Dimension sich nicht mit Oberflächenkosmetik begnügen kann. Das Projekt erforderte eine radikale und präzise Positionierung des Architekten, ähnlich wie von einem Chirurgen vor dem entscheidenden Eingriff bei einer Operation. Die Turbinenhalle entstand als mutige Geste, deren Bedeutung wir nicht sofort ermessen konnten. In einer anderen Stadt wäre dieser Raum unangemessen und unproportioniert gewesen. Diese sehr wichtige Erfahrung erlaubte uns auch, den Unterschied der Städte zu verstehen. Ein weiterer Beweis für unsere These, dass Städte spezifisch und nicht «generisch» sind.

[1] Roger Diener, Jacques Herzog, Marcel Meili, Pierre de Meuron, Manuel Herz, Christian Schmid, Milica Topalovic, *The Inevitable Specificity of Cities*. Hrsg. von ETH Studio Basel, Lars Müller Publishers, Zürich 2013.

[2] Aus: Stéphane Mallarmé, *Sämtliche Dichtungen*, Hanser, München 1992, S. 275 (deutsche Übersetzung: Rolf Stabel).

Jetzt Du Hier (1990/91), Werk von Rémy Zaugg im Besprechungszimmer von Jacques Herzog und Pierre de Meuron, Basel, Juni 2015 [GD]

BILDNACHWEIS:

Umschlag: Blick auf Basel von dem Gebäude Asklepios 8 (2010–2015) aus, Novartis Campus, März 2015. Foto: © George Dupin.

Karte Agglomeration Basel: Eidgenössisches Departement für Verteidigung, Bevölkerungsschutz und Sport VBS, Bundesamt für Landestopografie swisstopo.

Folgende Doppelseite: Fassade TEA (Tenerife Espacio de las Artes) entlang der Avenida de San Sebastián, Santa Cruz de Tenerife, Kanarische Inseln (Projekt 1999–2007, Realisierung 2002–2008). Foto: © Iwan Baan.

Alle unten nicht gelisteten Fotografien wurden von George Dupin speziell für diese Publikation angefertigt. © George Dupin.

Es wurden alle Bemühungen unternommen, sämtliche Urheberrechtsinhaber zu ermitteln und zu bezeichnen. Sollten trotzdem Nachweise fehlen, bitten die Autoren um Mitteilung.

S. 4, 6, 12 UNTEN, 87, 89 UNTEN, 125, 186-187, 189, 191, 210-211, 214, 217, 215. 232 OBEN, 236: © Herzog & de Meuron; S. 7: © 2005 Mark Darley; S. 12 OBEN, 14 OBEN, 32 UNTEN, 54, 55, 62-63, 71, 72, 74-75, 82, 83, 90, 94, 216: © Jacques Herzog und Pierre de Meuron Kabinett (Stiftung); S. 14 UNTEN, 24 UNTEN, 244 UNTEN, 248: © Iwan Baan; S. 24 OBEN: © Hufton+Crow; S. 28, 40, 92, 95, 132, 133, 136, 138-139, 252: Fotos Margherita Spiluttini © Architekturzentrum Wien, Sammlung; S. 32 OBEN: © Thomas Ruff; S. 34: © Duccio Malagamba, Barcelona; S. 42, 93, 120-121, 145 UNTEN, 176, 179, 194 OBEN: © Jean-François Chevrier und Élia Pijollet; S. 50-51: © Bau- und Verkehrsdepartement des Kantons Basel-Stadt; S. 61, 69 UNTEN, 89 OBEN, 96, 97, 117, 128, 129, 142-143, 168 UNTEN, 169, 202-203, 232 UNTEN: © Pierre de Meuron; S. 69 OBEN, 77 UNTEN: © Kunstmuseum Basel; S. 80 UNTEN: © Peter Stöckli; S. 80 OBEN, 81: © Kurt Wyss, Nadelberg 23A, 4051 Basel, Schweiz; S. 86: © bpk / Kupferstichkabinett, SMB / Jörg P. Anders; S. 88: © Kunstmuseum Basel, Kupferstichkabinett, Foto: Herzog & de Meuron; S. 135: © Nachlass Rémy Zaugg; S. 154-155: © Erich Meyer; S. 160 OBEN: © ETH-Bibliothek Zürich, Bildarchiv/Stiftung Luftbild Schweiz / Fotograf: Friedli, Werner; S. 164 UNTEN: © gta Archiv / ETH Zürich, Nachlass Ernst F. und Elsa Burckhardt-Blum; S. 166, 168 OBEN, 175 OBEN: © gta Archiv / ETH Zürich Nachlass Hans Schmidt; S. 170: © gta Archiv / ETH Zürich; S. 171 UNTEN, 175 UNTEN: © Martin Gasser; S. 171 OBEN: © gta Archiv / ETH Zürich Nachlass Sigfried Giedion; S. 174 OBEN: © Kantonale Denkmalpflege Basel-Stadt, Foto: Bruno Thüring 1991; S. 174 UNTEN: © Arthur Rüegg; S. 193: © Hisao Suzuki; S. 242 OBEN: © Hufton+Crow und MBEACH1, LLLP; S. 242 UNTEN: © 2009, Iwan Baan und MBEACH1, LLLP; S. 244 OBEN: © Francis Vigouroux; S. 102-103, 183: Rechte vorbehalten.